この本の使い方〈基本〉

①指さしながら発音する

②言葉を組み合わせる

話したい単語を話し相手に見せながら発音します。相手は文字と発音を確認できるので確実に通じます。

2つの言葉を順番に指さしながら発音することで、文章を作ることができます。わかりやすいようにゆっくり指さしましょう。

③発音は大きな声で

④相手にも指さしてもらう

発音せずに指さすだけでも通じるのは確かですが「話したい」という姿勢を見せるためにも発音することは重要です。だんだん正しい発音に近づきます。

話し相手にはメキシコ（スペイン）語を指さしながら話してもらいます。あなたは日本語を読んで、その言葉の意味がわかります。

◎6Pの「メキシコの友人たちへのメッセージ」を読んでもらえば、この本の考え方が伝わり、より会話はスムーズになります。

⑤自然と言葉を覚えられる

指さしながら、発音し、相手の発音を聞く。これをくり返すうちに、だんだん言葉を覚えていきます。文法の知識やメキシコでの会話のコツを知りたくなったら83ページからの文章が、難しい言葉は巻末の単語集がフォローしています。

旅の指さし会話帳® 28
メキシコ
コララテ・著
第2版

メキシコの友人たちへのメッセージ
6

第1部
「旅の指さし会話帳」本編
7

移動	地図	あいさつ	数字・買物	時間

空港→宿
en el aeropuerto y el hotel
8

あいさつ
saludos
20

市場
mercado
34

街を歩く
pasear por la ciudad
10

自己紹介
cómo presentarse
22

時間と時計
hora y reloj
36

乗り物
medios de transporte
12

呼びかけ
cómo dirigirse
24

月日と年月
fechas
38

メキシコ合衆国
Estados Unidos Mexicanos
14

数字とお金
números y dinero
26

一年と天気
calendario y tiempo
40

世界遺産・ビーチリゾート
patrimonio de la humanidad/playas
16

買い物・色
compras/colores
28

食事・レストラン
comida y restaurante
42

メキシコシティ
Ciudad de México
18

民芸品
artesanía
30

メキシコ料理・郷土料理
antojitos, platillos típicos
44

日用品・持ち物
artículos de uso diario
32

アルコール
alcohol
46

第2部 メキシコで楽しく会話するために ⑧③	第4部 メキシコ語→日本語 単語集 ⑩⑨
第3部 日本語→メキシコ語 単語集 ⑨①	Guía de conversación para los mexicanos que viajan en Japón メキシコ人向けインバウンド指さしシート ①②⑥

食事 / 文化 / 人・家 / トラブル / その他

食事	文化	人・家
タコス・屋台料理 en la taquería y puestos de comida ㊽	家 casa ㊷	生き物・自然 animales y la naturaleza ㊻
デザート・軽食 postre y comida ligera ㊿	メキシコの人びと los mexicanos y mexicanismos ㊽	動詞・疑問詞 verbos e interrogativos ㊻
遺跡・リゾート ruinas y playas ㊷	家族・友だち familia/amigos ㊻	形容詞・副詞・熟語 adjetivos, adverbios y modismos ㊽
芸術・宗教 arte y religión ㊹	人の性格・特徴 características y caracteres ㊽	住所を尋ねる preguntar la dirección ㊷
サッカー・ルチャリブレ fútbol y lucha libre ㊺ 	体と病気 cuerpo y estado de salud ㊹	第2版から ページアイコンを掲載！ 会話内容をより直観的に探しやすくなりました。
エンターテインメント espectáculos y entretenimiento ㊽	病院と薬局 en el hospital y la farmacia ㊷	
日本の文化 cultura japonesa ㊵	トラブル problemas ㊹	

移動 | 地図 | あいさつ | 数字買物 | 時間 | 食事 | 文化 | 人・家 | トラブル | その他

3

この本のしくみ

第1部：指さして使う部分です

7ページから始まる第1部「本編」は会話の状況別に38に分けられています。指さして使うのはこの部分です。

インデックスでページを探す

前ページにある目次は各見開きの右側にあるインデックスと対応しています。状況に応じて目次を開き、必要なページをインデックスから探してください。

日本語の読みガナで話す

各単語にはできるだけ実際のメキシコ（スペイン）語の発音に近い読みガナがふってあります。強く発音すべきところには、印がつけてあります。まずは話してみること。必ず発音はよくなります。

第3部、第4部：頼りになる日墨、墨日各2500語の単語集

言葉がさらに必要になったら、単語集をめくってください。辞書形式で「日本語→メキシコ（スペイン）語」「メキシコ（スペイン）語→日本語」それぞれ約2500語をフォローしています。

イラストは実際の会話中に威力を発揮します

あわてている場面でもすぐに言葉が目に入る、会話の相手に興味を持ってもらう、この2つの目的でイラストが入れてあります。使い始めるとその効果がわかります。

ページからページへ

会話の関連事項の載っているページについては「→⑭」等の表示があります。会話の話題をスムーズに続けるためにぜひ活用してください。

第2部：さらに楽しく会話するために

メキシコ（スペイン）語の基本知識、対人関係のノリなどコミュニケーションをさらに深めるためのページです。特に文法をある程度理解すると会話の幅は飛躍的に広がります。

裏表紙を活用するために水性ペンを用意しましょう。書いた文字をふきとれば何度でもメモ書きに使えます。

折り曲げて持ち歩きやすいように、本書は特別な紙を選んで使っています。

この本の使い方〈そのコツ〉

このシリーズは、語学の苦手な人でもぶっつけ本番で会話が楽しめるように、ありとあらゆる工夫をしています。実際に使った方からは「本当に役に立った」というハガキをたくさんいただきます。友だちができた方、食事に招かれた方、旅行中に基本的な言葉を覚えた方……そんな方がたくさんいます。

その土地の言葉で話そうとする人は歓迎されるもの。そして会話がはずめば、次々とおもしろい体験が押し寄せてきます。現地の人しか知らない「とっておきのおいしい店」や「最近流行っているスポット」を教えてもらったり、その時しか見られない催しに連れて行ってもらったり……こういった体験は、おきまりの場所をたどる旅行より数十倍、数百倍おもしろいものです。

では、どうやると本書をそんなふうに使えるのか、そのコツをいくつか紹介します。

第1のコツ→面白い本だとわかってもらう

本書は、実際の会話の場面で話し相手に興味を持ってもらうための工夫をいたるところにしています。

言葉の一つひとつは、あなたが使うためはもちろん、メキシコ人に"受ける"ことも考えて選んでいますし、興味を少しでもひくためにイラストもたくさん盛り込んでいます。

44ページの「郷土料理」、57ページの「ルチャリブレ」なども、実用的な意味と同様に、メキシコ人に「へーっ、こんなことも載ってんのか！ 面白そうな本だな〜」と感じてもらう意味があります。相手にあわせて興味を持ってくれそうなページをすかさず見せてみることは重要なポイントです。

第2のコツ→おおまかに全体を頭に入れておく

どのページにどんな表現が載っているかを把握しておくと、スムーズにいろんな言葉を使えます。目次を見ながら、興味のあるページを眺めておきましょう。

第3のコツ→少ない単語を駆使する

外国語というとたくさん言葉を覚えないと、と思っていませんか？ でも少ない言葉でも、いろんなことが話せるのです。

たとえば、あなたが日本で外国人に尋ねられた状況を考えてみてください。

「シンカンセン、シンカンセン、ヒロシマ」

と言われたら"この人は新幹線で広島に行きたいらしい"ということは、充分にわかるものです。また、その人が腕時計を何度も指さしていたら"急いでるんだな"ともわかるでしょう。

「大きい」「小さい」「好き」「歩く」「どうしたの？」等々の言葉も、さまざまな状況でさまざまな形で使えます。

本書ではそういった使い回しのきく言葉や表現を優先的に拾っていますので、早い人なら1週間で簡単な会話のやりとりがこなせるようになります。

第3のコツ→得意の言葉をつくる

本書を使っていると、人によってよく使うページは分かれます。年齢に話題をふりたがる人、その土地の文化を話したがる人、家族のことを持ち出す人……。

好きな言葉、よく使う言葉ほどすぐに覚えられるもの。

そんな言葉ができたら、発音をくり返して、話すだけでも通じるようにひそかに練習しましょう。

片言でも自分の言葉にして、話して通じることは、本当に楽しい経験になり、また会話の大きなきっかけとなります。

移動｜地図｜あいさつ｜数字買物｜時間｜食事｜文化｜人・家｜トラブル｜その他

Un breve mensaje para nuestros amigos mexicanos

¡Hola! ¿Ya se hicieron amigos con esta persona que trae este librito de palabras y dibujitos? ¿O se están conociendo apenas? Como lo ven, él (o ella) todavía no sabe hablar el español. Pero está super interesado(a) en conocer su lindo país, México, y es por eso que vino todo el camino desde Japón, atravesando el oceano pacífico. Muchos japoneses ya han visitado su tierra, y el número de visitantes crece cada año. En Japón, el español aún no es un idioma muy conocido, así que hicimos este libro para que los que viajan en México puedan comunicarse solamente señalando con el dedo lo que quieren expresar. Seguro que con la ayuda de ustedes realizarán un viaje lindo e inolvidable y volverán a visitarlos de nuevo. Porque ¡como México no hay dos!

CORALATE

メキシコの友人たちへのメッセージ

こんにちは！　言葉と絵が描かれた小さな本を持って旅行しているこの人と、もう友だちになりましたか？　それともまだ知り合ったばかり？　ご覧のとおり、彼（または彼女）はまだスペイン語がうまく話せません。でも、みなさんの美しい国メキシコにとても興味を持っていて、そのためにははるばると太平洋を渡って日本からやってきました。これまでにたくさんの日本人がメキシコを旅しましたが、その数は年々増えています。スペイン語は日本ではまだまだ知られていない言葉なので、メキシコを訪れる日本人がスペイン語を話せなくても、言いたいことを指でさせばコミュニケーションできるように、この本を作りました。みなさんが助けてくれれば、彼らは忘れがたい楽しい旅行をすることができて、またメキシコを訪れようと思うこと間違いなしです。だってメキシコのような国は二つとないのですから！

コララテ

第1部
「旅の指さし会話帳」本編

La guía para la plática en México

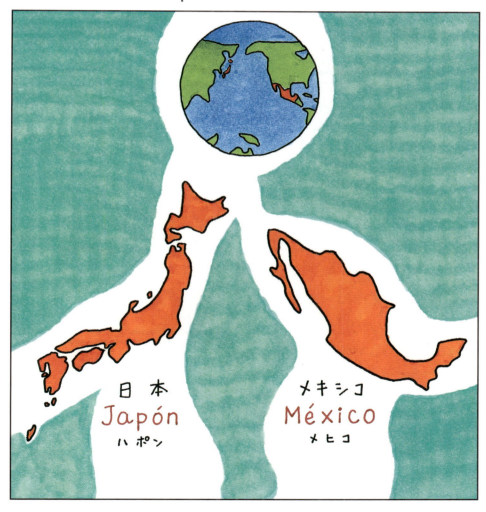

日本
Japón
ハ ポン

メキシコ
México
メヒコ

空港→宿 en el aeropuerto y el hotel
エン エル アエロプエルト イ エル オテル

		入国審査 **migración** ミグラシオン	税関 **aduana** アドゥアナ
～はどこですか？ **¿Dónde está～?** ドンデ エスタ		出口 **salida** サリーダ	申告 **declaración** デクララシオン
インフォメーション **información** インフォルマシオン	WiFi **WiFi** ワイファイ	荷物引取所 **entrega de equipaje** エントレガ デ エキパヘ	スーツケース **maleta** マレタ
SIMカードはどこで売っていますか？ **¿Dónde se vende la tarjeta SIM?** ドンデ セ ベンデ ラ タルヘタ シム		私の荷物が出てきません **Mi equipaje no ha salido.** ミ エキパヘ ノ ア サリード	
地下鉄 **Metro** メトロ	銀行 **banco** バンコ 為替レート **tipo de cambio** ティポ デ カンビオ	トイレ **baño/sanitarios** バニョ／サニタリオス	女性用 **damas** ダマス 男性用 **caballeros** カバジェロス

空港タクシーに乗りたいのですが**
Quiero tomar el taxi autorizado.
キエロ トマール エル タクシ アウトリサード

チケット **boleto** ボレト	料金 **tarifa** タリファ

～までのチケットをください
Un boleto para～, por favor.
ウン ボレト パラ ～ ポル ファボール

この住所
esta dirección
エスタ ディレクシオン

* Telcel の Amigo Chip がメジャー。空港や町中で購入できる
** 空港ではチケット制以外のタクシーに乗らないこと。割高に見えるが流しのタクシーに乗ると空港タクシー以上の料金をふっかけられる

8

街を歩く ⑩ 空港→宿

～へ行きたい Quiero ir a ～ キエロ イール ア	○○ホテル hotel ○○ オテル	市中心部 centro セントロ

～なホテルを探しています
Estoy buscando un hotel ～
エストイ ブスカンド ウン オテル

ソカロに面した queda al zócalo ケダ アル ソカロ	中心街の céntrico セントリコ	□つ星* estrellas エストレージャス	安い barato バラト

ネットで予約しました
Reservé en línea.
レセルベ エン リネア

クレジットカードで支払い済みです
Ya está pagado con tarjeta de crédito.
ジャ エスタ パガード コン タルヘタ デ クレディト

○○の名前で予約してあるのですが
Tengo reservada una habitación a nombre de ○○.
テンゴ レセルバーダ ウナ アビタシオン ア ノンブレ デ

1泊いくらですか?
¿Cuánto cuesta por noche?
クアント クエスタ ポル ノチェ

朝食付きですか?
¿El desayuno está incluido?
エル デサジューノ エスタ インクルイード

部屋を見せてもらえますか?
¿Podría ver la habitación?
ポドリア ベール ラ アビタシオン

WiFiのパスワードを教えてください
¿Cuál es la contraseña de WiFi?
クアル エス ラ コントラセーニャ デ

チェックアウトします
Quiero cerrar la cuenta.
キエロ セラール ラ クエンタ

シングルルーム habitación sencilla アビタシオン センシージャ
ツインルーム habitación doble アビタシオン ドブレ
ダブルルーム habitación matrimonial アビタシオン マトリモニアル

～付き　con ～　コン

バスルーム cuarto de baño クアルト デ バーニョ	バスタブ tina ティナ
シャワー regadera レガデラ	テレビ televisor テレビソール
貴重品ボックス caja de seguridad カハ デ セグリダー	冷蔵庫** refrigerador レフリヘラドール

エアコン aire acondicionado アイレ アコンディシオナド

カギ llave ジャベ	プール alberca アルベルカ 

移動 | 地図 | あいさつ | 数字買物 | 時間 | 食事 | 文化 | 人・家 | トラブル | その他

＊ 五つ星の上はグラン・トゥリスモ(Gran Turismo)　＊＊ レフリ(refri)で通じる

街を歩く pasear por la ciudad
パセアール ポル ラ シウダー

移動 / pasear por la ciudad

~はどこですか? ¿Dónde está~? ドンデ エスタ	どのくらいかかりますか? ¿Cuánto se tarda? クアント セ タルダ	歩いて caminando カミナンド
	□分 minutos ミヌートス	タクシーで en taxi エン タクシ
		地下鉄で en metro エン メトロ

→ 乗り物⑫

ソカロ(中央広場)
Zócalo
ソカロ

街の真中に必ずあり、起点に歩くと便利。プラザ・デ・アルマス(Plaza de armas)とも呼ばれる

大聖堂
Catedral
カテドラル
(ソカロに面していることが多い)

教会
iglesia ✚
イグレシア

観光案内所 información turística インフォルマシオン トゥリスティカ	旅行代理店 agencia de viajes アヘンシア デ ビアヘス	両替所 casa de cambio カサ デ カンビオ	郵便局 correos コレオス ✉
美術館・博物館 museo ムセオ	劇場 teatro テアトロ	映画館 cine シネ 🍿	インターネットカフェ cibercafé* シベルカフェ
スーパー supermercado スーペルメルカド	市場 mercado 🍊 メルカード	タコス屋さん taquería タケリーア	病院 hospital ✚ オスピタル
地下鉄駅 estación del metro エスタシオン デル メトロ	長距離バスターミナル terminal de autobuses テルミナル デ アウトブセス	バス停 parada パラーダ	トイレ** baño/sanitarios バニョ / サニタリオス damas(女) caballeros(男) ダマス カバジェロス

北 **norte** ノルテ
西 **oeste** オエステ
東 **este** エステ
南 **sur** スール

とても~ muy~ ムイ	近い cerca セルカ
	ここから de aquí デ アキー
少し~ un poco~ ウン ポコ	遠い lejos レホス

10 * 主にパソコンからの印刷やコピーなどを行う場所。Office Depotなど大手文具チェーン店や地元の文房具店(papelería)がサービスを提供している ** 有料のところもよくある。掃除のおばさんがいる場合は、チップをあげよう

街を歩く

〜に行きたい Quiero ir〜 キエロ イール	食事に a comer ア コメール	お酒を飲みに a tomar ア トマール
	買物に de compras →買物 色28 デ コンプラス	切符を買いに a comprar boletos ア コンプラール ボレトス
	踊りに a bailar ア バイラール	散歩に a pasear ア パセアール

こっち aquí アキー	そっち ahí アイー	あっち allá アジャー
〜の隣に al lado de〜 アル ラド デ	〜の正面に en frente de〜 エン フレンテ デ	〜の後ろに detrás de〜 デトラス デ

ずっとまっすぐ行ってください **Siga todo derecho.**
シガ トド デレチョ

右(左)に曲がってください **Doble a la derecha (izquierda)**
ドブレ ア ラ デレチャ イスキエルダ

この este/esta エステ エスタ	角 esquina エスキーナ
	信号 semáforo セマフォロ
次の siguiente シギエンテ	区画、ブロック cuadra/manzana クアドラ マンサーナ

道に迷っちゃった
Estoy perdido/perdida
エストイ ペルディード ペルディーダ

この地図で教えてもらえますか？（見せながら）
¿Podría ubicarme en este mapa?
ポドリア ウビカールメ エン エステ マパ

まっすぐ todo derecho
トド デレチョ

左 izquierda イスキエルダ 　右 derecha デレチャ

戻る volver ボルベール

向こう側 otro lado オトロ ラド

通り Calle カジェ

大通り avenida アベニーダ

こちら側 este lado エステ ラド

移動 | 地図 | あいさつ | 数字・買物 | 時間 | 食事 | 文化 | 人・家 | トラブル | その他

乗り物 medios de transporte
メディオス デ トランスポルテ

~に乗りたい	この~は〇〇へ行きますか？
Quiero tomar~	**¿Este ~ va a 〇〇?**
キエロ トマール	エステ バ ア

移動

medios de transporte

			タクシー*	流しの	libre	リブレ
メトロバス	**Metrobús** メトロブス		**taxi** タクシ	呼び出しの	sitio	シティオ
				ウーバー	Uber	ウーベル

地下鉄 **metro** メトロ	ペセロ/コンビ (乗合バス) **pesero/combi** ペセロ コンビ	バス **camión/autobús** カミオン/アウトブス	飛行機 **avión** アビオン
舟台 **barco** バルコ	レンタサイクル** **(renta de)bicicleta** (レンタ デ)ビシクレタ	鉄道 **ferrocarril** フェロカリル (鉄道は観光用にわずかな路線があるのみ)	電車 **tren** トレン

〇〇までお願いします
(タクシーに乗ったときや、切符を買うとき)
Para 〇〇, por favor
パラ ポル ファボール

いくらですか？
¿Cuánto me cobra?
クアント メ コブラ
□ペソです □**pesos** ペソス

所要時間はどのくらいですか？
¿Cuánto tiempo se tarda?
クアント ティエンポ セ タルダ

〇〇までの切符を□枚ください
□**boletos para 〇〇, por favor.**
ボレトス パラ ポル ファボール

〇〇行きのバス(ペセロ)はどこから出ますか？
¿De dónde sale el camión(pesero) para〇〇?
デドンデ サレ エル カミオン(ペセロ) パラ

〇〇行きのバス(飛行機)は何時に出ますか？
¿A qué hora sale el camión(avión) para〇〇?
アケ オラ サレ エル カミオン(アビオン) パラ

この席はふさがっていますか？
¿Está ocupado este asiento?
エスタ オクパド エステ アシエント

〇〇に着いたら教えてください
Avíseme cuando llegamos a 〇〇, por favor.
アビセメ クアンド ジェガモス ア ポル ファボール

数字とお金 ㉖

(12) ※ 流しのタクシーはタクシー強盗などにあう可能性がある。特に夜間はラジオタクシーやUberを呼んだほうが安全。日時を指定して迎えにきてもらうこともできる ※※ メキシコシティでは中心部にレンタサイクル「ecobici エコビシ」のステーションが増えている

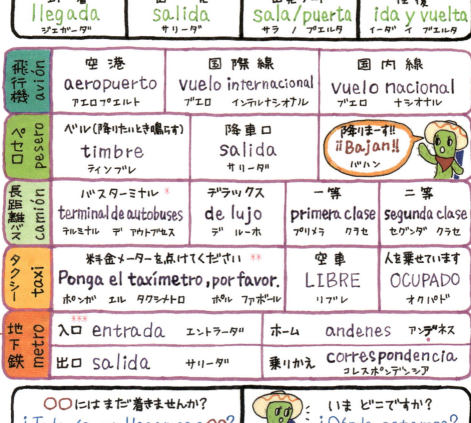

メキシコ合衆国 Estados Unidos Mexicanos
エスタドス ウニードス メヒカーノス

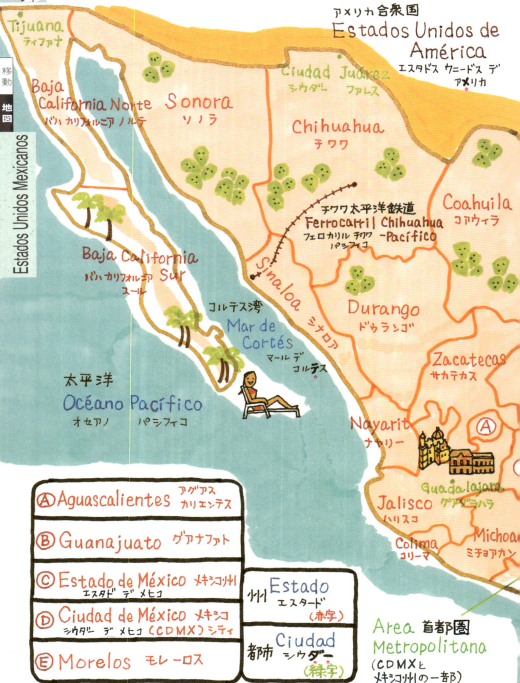

「〜州の」の例	例…ejemplos エヘンプロス
メキシコシティの **chilango** チランゴ	プエブラの **poblano** ポブラーノ
サカテカスの **zacatecano** サカテカノ	ミチョアカンの **michoacano** ミチョアカーノ
チワワの **chihuahuense** チワウェンセ	カリフォルニアの **californiano** カリフォルニアノ
ユカタンの **yucateco** ユカテコ	オアハカの **oaxaqueño** オアハケーニョ
チアパスの **chiapaneco** チアパネコ	ハリスコの **jalisciense** ハリスシエンセ
ベラクルスの	**jarocho / veracruzano** ハローチョ　ベラクルサーノ

メキシコ合衆国

地図 | あいさつ | 数字買物 | 時間 | 食事 | 文化 | 人・家 | トラブル | その他

Nuevo León ヌエボ レオン
Monterrey モンテレイ
Tamaulipas タマウリパス
San Luis Potosí サンルイス ポトシ
Hidalgo イダルゴ
Tlaxcala トラスカラ
Puebla プエブラ
Guerrero ゲレーロ
Oaxaca オアハカ
Veracruz ベラクルス
Tabasco タバスコ
Chiapas チアパス
San Cristóbal de las Casas サン クリストバル デ ラスカサス

メキシコ湾
Golfo de México ゴルフォ デ メヒコ

Campeche カンペチェ
Yucatán ユカタン
Cancún カンクン
Quintana Roo キンタナ ロー
Guatemala グアテマラ
Belice ベリーズ
カリブ海 Mar del Caribe マールデルカリベ

15

あいさつ saludos
サルードス

おはよう	やあ
Buenos días ブエノス ディアス	¡Hola! オラ

こんにちは
Buenas tardes
ブエナス タルデス

どうよ?
¿Qué onda?
ケ オンダ

こんばんは／おやすみなさい
Buenas noches
ブエナス ノチェス

お元気ですか？ ¿Cómo está? コモ エスタ	元気です。ありがとう Bien, gracias ビエン グラシアス
まあまあです Más o menos マス オ メノス	少し疲れています Un poco cansado(a) ウン ポコ カンサード(ダ)
あなたは？ ¿Y usted? イ ウステデ	君は？ ¿Y tú? イ トゥ

ようこそ Bienvenido(a) ビエンベニード(ダ)	はじめまして Mucho gusto ムーチョ グスト
どうもありがとう Muchas gracias ムチャス グラシアス	ご親切に Muy amable ムイ アマブレ
どういたしまして De nada デ ナダ	気にしないで No hay problema ノ アイ プロブレマ

あいさつのジェスチャー

男性どうし

ハグ
abrazo
アブラソ

あくしゅ
apretón de manos
アプレトン デ マノス

毎日会っていても、あくしゅする。久しぶりだったり、長いお別れのときは、背中に手を回して抱き合う。あくしゅのときも片手を肩にかけるなどのスキンシップも

女性どうし、男女間

キス
besito
ベシート

右の頬どうしをくっつけて音をたててキス。出会ったときも別れるときも、毎日、毎回。
※ちなみにスペインでは左右で2回。

あいさつ

ごめんなさい
Perdón
ペルドン

ご心配なく
No se preocupe
ノ セ プレオクーペ

大変申し訳ない／とても残念です
Lo siento mucho
ロ シエント ムチョ

よい一日を
¡Que tenga un buen día!
ケ テンガ ウン ブエン ディア

 あなたも
Igualmente
イグアルメンテ

よい旅を！
¡Buen viaje!
ブエン ビアヘ

グッド・ラック！
¡Suerte!
スエルテ

お元気で！
¡Que le vaya bien!
ケ レ バジャ ビエン

さよなら **Adiós**
アディオス

じゃあね／また会いましょう
Nos vemos
ノス ベモス

また明日 **Hasta mañana**
アスタ マニャーナ

またね **Hasta luego**
アスタ ルエゴ

(私)もうおいとまします **Ya me voy**
ジャ メ ボイ

(私たち)もうおいとまします **Ya nos vamos**
ジャ ノス バモス

おめでとう
¡Felicidades!
フェリシダーデス

〜おめでとう
Feliz〜
フェリス

誕生日おめでとう
Cumpleaños
クンプレアニョス

メリー・クリスマス
Navidad
ナビダー

新年おめでとう
Año Nuevo
アニョ ヌエボ

自己紹介 cómo presentarse
コモ プレセンタールセ

私の名前は〜です
Me llamo 〜
メ ジャモ

私は日本人です
Soy japonesa
ソイ ハポネサ

あなたのお名前は何ですか？
¿Cómo se llama?
コモ セ ジャマ

出身はどちらですか？	私は〜出身です
¿De dónde es usted? デ ドンデ エス ウステ	**Soy de 〜** ソイ デ
どこに住んでいますか？	私は〜に住んでいます
¿Dónde vive usted? ドンデ ビベ ウステ	**Vivo en 〜** ビボ エン

日本	スペイン	アメリカ合衆国	韓国	カナダ
Japón 🇯🇵 ハポン	**España** 🇪🇸 エスパーニャ	**E.U.** 🇺🇸 エスタドス ウニードス	**Corea** 🇰🇷 コレア	**Canadá** 🇨🇦 カナダ

〜でメキシコに来ました	観光で	仕事で
Vine a México 〜 ビネ ア メキシコ	**para pasear** パラ パセアール	**por negocios** ポル ネゴシオス
スペイン語を勉強しに		新婚旅行
para estudiar el español パラ エストゥディアール エル エスパニョール		**en luna de miel** エン ルナ デ ミエル

何歳ですか？	○○歳です	あててみて
¿Cuántos años tiene usted? クアントス アニョス ティエネ ウステ	**Tengo ○○ años** テンゴ アニョス	**¡Adivina!** アディビナ
恋人はいますか？ ♥	はい	いいえ
¿Tiene novio(a)? ティエネ ノビオ（ア）	**Sí** シ	**No** ノ
私は結婚しています	私は独身です	
Estoy casado(a). エストイ カサード（ア）	**Soy soltero(a).** ソイ ソルテロ（ラ）	

※ 男性なら「Soy japonés（ソイ ハポネス）」となる

自己紹介

あなたの職業は何ですか？
¿Qué hace usted?
ケ　アセ　ウステ

職業 profesión プロフェシオン

私は〜です
Soy〜
ソイ

会社員	学生	主婦	教師
empleado	estudiante	ama de casa	maestro
エンプレアード	エストゥディアンテ	アマ デ カサ	マエストロ
医者	看護婦	公務員	秘書
médico	enfermera	funcionario	secretaria
メディコ	エンフェルメラ	フンシオナリオ	セクレタリア
エンジニア	建築家	弁護士	会計士
ingeniero	arquitecto	abogado	contador
インヘニエロ	アルキテクト	アボガド	コンタドール
ジャーナリスト/新聞記者	カメラマン	タクシードライバー	コック
periodista	fotógrafo	taxista	cocinero
ペリオディスタ	フォトグラフォ	タクシスタ	コシネロ

何が好きですか？
¿Qué le gusta?
ケ　レ　グスタ

私は〜が好きです
Me gusta〜
メ　グスタ

メキシコ	メキシコ料理	日本料理	民芸品
México	comida mexicana	comida japonesa	artesanía
メヒコ	コミーダ メヒカナ	コミーダ ハポネサ	アルテサニア
スポーツ	テニス	サッカー	野球
deportes	tenis	fútbol	béisbol
デポルテス	テニス	フットボール	ベイスボール
泳ぐ	踊る	カラオケバーで歌う	
nadar	bailar	cantar en el cantabar	
ナダール	バイラール	カンタール エン エル カンタバル	
映画	読書する	音楽	旅行する
películas	leer	música	viajar
ペリクラス	レエール	ムシカ	ビアハール

あいさつ｜数字買物｜時間｜食事｜文化｜人・家｜トラブル｜その他

呼びかけ cómo dirigirse
コモ ディリヒールセ

あのー **Oiga** オイガ	ねえ **Oye** オジェ

すいません **Disculpe** ディスクルペ
(あやまるときにも使う)

お願いします **Por favor** ポル ファボール
(何かお願いするときは最後につける)

 おじさん、お兄さん(=Mr) **Señor** セニョール

 おばさん、お姉さん(=Mrs) **Señora** セニョーラ

 お嬢さん(=Miss) **Señorita** セニョリータ

 お兄さん(若い男性に対して) **Joven** ホベン

英語(日本語)は話せますか？ **¿Habla inglés (japonés)?** アブラ イングレス (ハポネス)	はい **Sí** シ	いいえ **No** ノ	ちょっとだけ **Un poquito** ウン ポキート

わかりません **No entiendo** ノ エンティエンド

わかりましたか **¿Me entendió?** メ エンテンディオ

え、何て？ **¿Mande?** マンデ

もうすこし ゆっくり お願いします **Más despacito, por favor.** マス デスパシート ポル ファボール

電話をかける 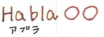 **Hacer una llamada.** アセール ウナ ジャマダ

もしもし **¿Bueno?** ブエノ
(かける時、受ける時ともに)

どなた？ **¿Quién habla?** キエン アブラ

○○(自分の名前)です **Habla ○○** アブラ

○○さんはいらっしゃいますか？ **¿Se encuentra ○○?** セ エンクエントラ

あとでまたかけます。ありがとうございました **Llamo más tarde, gracias.** ジャモ マス タルデ グラシアス

電話を おかりしてもいいですか？ **¿Me permite usar su teléfono?** メ ペルミテ ウサール ス テレフォノ

24

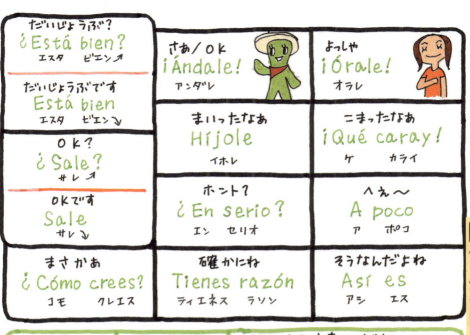

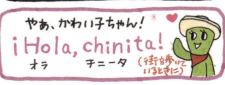

※ 道を歩いていると、特に女性はいろいろ声をかけられる。「チニータ」は文字通りの「中国人」という意味ではなく、「アジア系のカワイイコ」くらいの意味

数字とお金 números y dinero
ヌメロス イ ディネロ

0	cero セロ
1	uno/un/una* ウノ ウン ウナ
2	dos ドス
3	tres トレス
4	cuatro クアトロ
5	cinco シンコ
6	seis セイス
7	siete シエテ
8	ocho オチョ
9	nueve ヌエベ

10	diez ディエス
11	once オンセ
12	doce ドセ
13	trece トレセ
14	catorce カトルセ
15	quince キンセ

16〜19
dieci + 1桁
ディエシ

例) 16 dieciseis
ディエシセイス

20〜29
veinti + 1桁
ベインティ

例) 29 veintinueve
ベインティヌエベ

30	treinta トレインタ
31	treinta y uno トレインタ イ ウノ
40	cuarenta クアレンタ
50	cincuenta シンクエンタ
60	sesenta セセンタ
70	setenta セテンタ
80	ochenta オチェンタ
90	noventa ノベンタ

100	cien/ciento シエン シエント
100+α では ciento〜 例)150 ciento cincuenta シエント シンクエンタ	
200	doscientos ドスシエントス
300	trescientos トレスシエントス
400	cuatrocientos クアトロ シエントス
500	quinientos キニエントス
600	seiscientos セイシエントス
700	setecientos セテシエントス
800	ochocientos オチョ シエントス
900	novecientos ノベ シエントス

※ 女性名詞の前につくときはuna、男性名詞の前につくときはun、それ以外はuno

※ スペインでは0,1と書き、セロ・コマ・ウノ(cero coma uno)と言う。メキシコでもこちらが使われることもある　※※ 小数点以下、銭
※※※ タルヘタ(tarjeta)だけでも通じる

買い物・色 compras/colores
コンプラス　コローレス

何をお探しですか?	～を見たいのですが
¿Qué buscaba? ケ　　ブスカバ	Quiero ver ～ キエロ　　ベール

～はありますか?	～はどこで買えますか?
¿Tienen ～ ティエネン	¿En dónde puedo comprar ～? エン　ドンデ　プエド　コンプラール

おいくらですか?	□ペソ　　　□センタボ
¿Cuánto cuesta? クアント　　クエスタ	□ pesos　　□ centavos ペソス　　　　センターボス

この色(形)が好きです	他の色(サイズ)はないですか?
Me gusta este color (diseño). メ グスタ エステ コロール (ディセニョ)	¿No hay de otros colores (otras tallas)? ノアイ デ オトロス コローレス (オトラス タジャス)

まけてもらえませんか?	～っ買ったらいくらになりますか?(まとめ買い)
¿Me podría hacer descuento? メ　ポドリア　アセール　デスクエント	¿Cuánto me sale si llevo ～? クアント　メ　サレ　シ　ジェボ

これにします!	クレジットカードで払えますか?
Me quedo con ésto. メ　ケド　コン　エスト	¿Puedo pagar con tarjeta de crédito? プエド パガール コン タルヘタ デ クレディト

→日用品・持ち物 ㉜

高い	安い *	まとめ売り	ばら売り
caro カロ	barato バラト	mayoreo マジョレオ	menudeo メヌデオ

値段	レジ	お釣り	レシート
precio プレシオ	caja カハ	cambio カンビオ	recibo レシーボ

割引	お買い得品		バーゲンセール **
descuento デスクエント	oferta オフェルタ		liquidación リキダシオン

	2つまとめて1つの値段で	どうぞご利用ください!
	2 por 1 ドス ポル ウノ	¡APROVECHE! アプロベチェ

28　* 安売りをうたっている店は、看板などにエコノミコ(económico=経済的)を使うことが多い
　　** Black Friday の時期に合わせて、2011年よりBuenFin(ブエンフィン)が行なわれている

開店中 abierta アビエルタ	閉店中 cerrada セラーダ	営業時間 horario オラリオ
店 tienda ティエンダ	ショッピングカート carrito カリート	手荷物預り所※ paquetería パケテリーア	値札 etiqueta エティケタ

買い物・色

色 color コロール	白 blanco ブランコ	黄 amarillo アマリージョ	オレンジ naranja ナランハ	ローズピンク※※ rosa ロサ
赤 rojo ロホ	水色 azul claro アスール クラロ	青 azul アスール	紺 azul marino アスール マリノ	すみれ色 violeta ビオレタ
緑 verde ベルデ	茶 café カフェー	紫 morado モラード	グレー gris グリス	黒 negro ネグロ

デパート almacenes アルマセネス

| Palacio de Hierro パラシオ デ イエロ 高級店「鉄の宮殿」の意味 El Palacio de Hierro | Liverpool リベルプール 高級店  | Sears セアーズ 米国のシアーズと同じ |
| Sanborns サンボーンズ レストラン付き老舗 Sanborns | Suburbia スブルビア Suburbia 小規模店が多く、庶民的 | Woolworth ウルクス 安い日用品から旅行用品まで |

その他 Otros tipos de lugares de compra オトロス ティポス デ ルガーレス デ コンプラ

| ショッピングモール※※※ Centro comercial セントロ コメルシアル | スーパー Supermercado スーペルメルカド | 市場 Mercado メルカード |

スーパー Supermercado スーペルメルカド / コンビニ Tienda de Autoservicio ティエンダ デ アウトセルビシオ

| オクソ OXXO | ソリアナ Soriana | ラ コメル la Comer | ウォールマート Wal-mart ウォルマー |

※ スーパーや本屋などでは、万引き防止のため大きいカバンなどは入り口で預けなければならない場合がある ※※ メキシカンピンクと呼ばれるサーモンピンク。壁や民芸品に多く見られる ※※※ デパートが集まっていて映画館やレストランがあったり、テナントがたくさんある

民芸品 artesanía
アルテサニーア

メキシコ製
hecho en México エチョ エン メヒコ

手づくり
hecho a mano エチョ ア マノ

フォナート
Fonart フォナート 政府直営の民芸品店

支払い値切りについては買い物・色 ㉘

この土地の民芸品は何ですか？
¿Cuál es la artesanía más típica de aquí?
クアル エス ラ アルテサニーア マス ティピカ デ アキー

こんなの見たの初めて！
Esta es la primera vez que lo veo.
エスタ エス ラ プリメラ ベス ケ ロ ベオ

あなたが作ったのですか？
¿Ud. lo hizo?
ウステー ロ イソ

かわいい！
¡Qué bonito!
ケ ボニート

これは何ですか？
¿Qué es ésto?
ケ エス エスト

ここに書いてください。
Apúntemelo aquí. アプンテメロ アキー

銀製品屋 platería プラテリーア

指輪	ピアス	イヤリング	ブレスレット
anillo アニージョ	aretes アレテス	pendientes ペンディエンス	pulsera プルセラ

指輪のサイズ	ネックレス	ブローチ	キーホルダー
tamaño タマーニョ	collar コジャール	broche ブロチェ	llavero ジャベロ

陶磁器 cerámica セラミカ

トナラ焼	タラベラ焼	バロ・ネグロ
tonalá トナラー	talavera タラベラ	barro negro バロ ネグロ

皿	カップ	写真立て	タイル
plato プラト	taza タサ	portaretrato ポルタレトラト 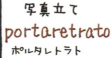	azulejos アスレホス

革製品 artículos de cuero
アルティクロス デ クエロ

ベルト	サイフ	ぞうり	バッグ
cinturón シントゥロン	billetero ビジェテロ	huarache ウアラチェ	bolsa ボルサ

※ 食器類はお皿〜コーヒーカップまでそろった60ピース程度のセットで売られていることが多い。たいていバラ売りもしてくれる

織物 textil テクスティル

| タペテ
tapete
タペテ | サラペ
sarape
サラペ | ウィピルのししゅう
Huipil
ウィピレ |

紙 papel パペル

| アマテ
amate
アマテ | 切り絵
papel picado
パペル ピカード | 張り子
papel maché
パペル マチェ |

ウィチョル族
los huicholes
ロス ウィチョレス

幻覚性サボテンを神聖視し、伝統工芸品にも宇宙観が

| 羊毛糸の板絵
tabla de estambre
タブラ デ エスタンブレ | ビーズ細工
chaquira
チャキーラ |

民芸品

生命の樹 árbol de la vida アルボル デ ラ ビダ	お面 máscara マスカラ	カゴ類 canasta カナスタ  トルティージャ入れ tortillería トルティジェリア
キリスト降誕を再現した人形セット nacimiento ナシミエント	ガイコツ calavera カラベラ	ミラグロ ＊ corazón de milagros コラソン デ ミラグロス
ガラス製品 vidrio ビドリオ	ホーロー製品 peltre ペルトレ	メルカドバッグ ＊＊ bolsa tejida de plástico ボルサ テヒーダ デ プラスティコ

数字・買物 | 時間 | 食事 | 文化 | 人・家 | トラブル | その他

木工品 madera マデラ

| アレブリヘ
alebrije
アレブリヘ | オリナラの漆器
laca de olinalá
ラカ デ オリナラ | ミチョアカンの家具
muebles michoacanos
ムエブレス ミチョアカーノス 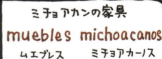 |
| | チョコレートかくはん棒
molinillo
モリニージョ | マラカス
maracas
マラカス |

＊ 木やブリキで作ったハート型のインテリア小物。木製のものはメタルチャームがびっしり釘付けしてあることが多い　＊＊ 本来は市場（メルカド）で買い物するためのショッピングバッグだが、カラフルでデザイン性の高いものも多くお土産にぴったり

31

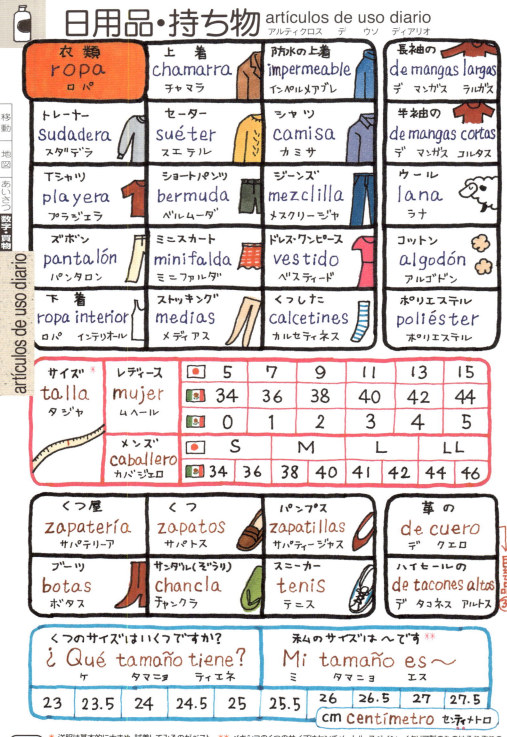

八百屋 verdurería ベルドゥレリーア

グリーントマト **tomate verde** トマテ ベルデ	赤トマト **jitomate** ヒトマテ	カボチャ **calabaza** カラバサ	キュウリ **pepino** ペピーノ
アボガド **aguacate** アグアカテ	アーティチョーク **alcachofa** アルカチョファ	チャジョテ(ハヤトウリ) **chayote** チャジョーテ	ヒカマ **jícama** ヒカマ
パプリカ(赤・緑) **pimiento** ピエミント **rojo/verde** ロホ ベルデ	ジャガイモ **papa** パパ	タマネギ **cebolla** セボジャ	ズッキーニ **calabacita** カラバシータ
ほうれん草 **espinaca** エスピナカ	にんじん **zanahoria** サナオリア	レタス **lechuga** レチューガ	セロリ **apio** アピオ
ニンニク **ajo** アホ	パセリ **perejil** ペレヒル	コリアンダー(香菜) **cilantro** シラントロ	マッシュルーム **champiñón** チャンピニョン

市場

グアヒージョ **guajillo** グアヒージョ	ポブラーノ **poblano** ポブラーノ	パシージャ **pasilla** パシージャ	ほとんど辛くない **casi no pica** カシ ノ ピカ

魚屋 **pescadería** ペスカデリーア (内陸ではあまり見かけない)	モーレ **mole** モーレ (粉やペーストで売っている)	~チーズ **queso~** ケソ	オアハカの製くチーズ **Oaxaqueño** オアハケーニョ
エビ **camarón** カマロン	イカ **calamar** カラマール	マンチェゴ **manchego** マンチェゴ	カッテージチーズ **requesón** レケソン (タコスのトッピングに)

数字・買物 | 時間 | 食事 | 文化 | 人・家 | トラブル | その他

時間と時計 hora y reloj
オラ イ レロー

| いま何時ですか？
¿Qué hora es?
ケ オラ エス | 15分
cuarto
クアルト | 30分
media
メディア |

1時台	1時△分です Es la una y △ エス ラ ウナ イ	午前の	de la mañana デ ラ マニャーナ
それ以外	○時△分です Son las ○ y △ ソン ラス イ	午後の	de la tarde デ ラ タルデ
1時台	1時△分前です △ para la una パラ ラ ウナ	夜の	de la noche デ ラ ノチェ
それ以外	○時△分前です △ para las ○ パラ ラス		

| ～時に会いましょう
Nos vemos a las ～
ノス ベモス ア ラス | ～時に起こしてください
Despiérteme a las ～
デスピエルテメ ア ラス |

何時に？
¿A qué hora?
ア ケ オラ

何時に閉まり(開き)ますか？
¿A qué hora cierran (abren)?
ア ケ オラ シエラン(アブレン)

何時に始まり(終わり)ますか？
¿A qué hora empieza (termina)?
ア ケ オラ エンピエサ (テルミナ)

何時に出発(到着)しますか？
¿A qué hora sale (llega)?
ア ケ オラ サレ (ジェガ)

| ～すぎる | demasiado
デマシアード | 早く・早い | temprano
テンプラーノ |
| もう少し | un poquito más
ウン ポキート マス | 遅く・遅い | tarde
タルデ |

どのくらい時間がかかりますか？
¿Como cuánto se tardará?
コモ クアント セ タルダラ

| □ 時間
horas オラス | いっぱい
mucho ムチョ |
| □ 分
minutos ミヌートス | 少し
un ratito
ウン ラティート |

★数については数字とお金(26)参照

36

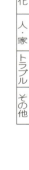

月日と年月 fechas
フェチャス

いつですか？
¿Cuándo es?
クアンド エス

何日に？ ¿En qué fecha?
エン ケ フェチャ

○月△日
△ de ○
デ

何曜日に？ ¿Qué día?
ケ ディア

→月・曜日の呼び方は左ページ参照

何年に？ ¿En qué año?
エン ケ アニョ

□年に
en el año □
エン エル アニョ

いつメキシコに着きましたか？
¿Cuándo llegó a México?
クアンド ジェゴ ア メヒコ

いつ日本に帰りますか？
¿Cuándo va a regresar a Japón?
クアンド バ ア レグレサール ア ハポン

ここにどの位滞在しますか？
¿Cuánto tiempo va a estar aquí?
クアント ティエンポ バ ア エスタール アキー

ここに来て○日(週)になります
Llevo ○ días (semanas) aquí.
ジェボ ディアス(セマナス) アキー

どのくらい？
¿Cuánto tiempo?
クアント ティエンポ

1年間 un año ウンアニョ	1ヶ月間 un mes ウンメス
□年間 □ años アニョス (複)	□ヶ月間 □ meses メセス (複)
1週間 una semana ウナ セマナ	1日間 un día ウンディア
□週間 □ semanas セマナス (複)	□日間 □ días ディアス

～だけ solamente～ ソラメンテ	だいたい～ aproximadamente～ アプロクシマダメンテ
～以上 más de～ マス デ	～以下 menos de～ メノス デ

1	2	3	4	5	6	7	8	9	10	11	12
ウノ	ドス	トレス	クアトロ	シンコ	セイス	シエテ	オチョ	ヌエベ	ディエス	オンセ	ドセ

月日と年月

1月	enero	エネロ
2月	febrero	フェブレロ
3月	marzo	マルソ
4月	abril	アブリル
5月	mayo	マジョ
6月	junio	フニオ
7月	julio	フリオ
8月	agosto	アゴスト
9月	septiembre	セプティエンブレ
10月	octubre	オクトウブレ
11月	noviembre	ノビエンブレ
12月	diciembre	ディシエンブレ

月	lunes	ルネス
火	martes	マルテス
水	miércoles	ミエルコレス
木	jueves	フエベス
金	viernes	ビエルネス
土	sábado	サバド
日	domingo	ドミンゴ
週末	fin de semana	フィン デ セマナ
祝日	día festivo	ディア フエスティボ

□日前	hace □ días	アセ ディアス
おととい	antier (anteayer)	アンティエール アンテアジェール
きのう	ayer	アジェール
きょう	hoy	オイ
あす	mañana	マニャーナ
あさって	pasado mañana	パサド マニャーナ
□日後	dentro de □ días	デントロ デ ディアス

□週間前 hace □ semanas アセ セマナス	□か月前 hace □ meses アセ メセス	□年前 hace □ años アセ アニョス
先週 la semana pasada ラセマナ パサダ	先月 el mes pasado エル メス パサド	去年 el año pasado エル アニョ パサド
今週 esta semana エスタ セマナ	今月 este mes エステ メス	今年 este año エステ アニョ
来週 la semana que viene ラセマナ ケ ビエネ	来月 el mes que viene エル メス ケ ビエネ	来年 el año que viene エル アニョ ケ ビエネ
□週間後 dentro de □ semanas デントロ デ セマナス	□か月後 dentro de □ meses デントロ デ メセス	□年後 dentro de □ años デントロ デ アニョス

一年と天気 calendario y tiempo
カレンダリオ イ ティエンポ

11月20日 革命記念日
Día de la revolución
ディア デラ レボルシオン

11月2日 死者の日
Día de los muertos
ディア デ ロス ムエルトス

お供えもの
ofrenda
オフレンダ

12月12日 グアダルーペの聖母の日
Día de la virgen de Guadalupe
ディア デラ ビルヘン デ グアダルーペ

12月16日～ ポサーダ
Posada
ポサーダ

12月24日 クリスマスイブ
Noche buena
ノチェ ブエナ

12月25日 クリスマス
Navidad
ナビダー

10月末 国際セルバンテス祭 (グアナファト)
Festival Internacional Cervantino (Guanajuato)
フェスティバル インテルナシオナル セルバンティーノ (グアナファト)

ラ・マンチャの男
EL HOMBRE DE LA MANCHA
El hombre de la Mancha
エル オンブレ デラ マンチャ

10月12日 民族の日
Día de la Raza
ディア デラ ラサ

12月 **diciembre** ディシエンブレ
11月 **noviembre** ノビエンブレ
10月 **Octubre** オクトゥブレ
9月 **Septiembre** セプティエンブレ
8月 **agosto** アゴスト
7月 **julio** フリオ

秋 **otoño** オトニョ
夏 **verano** ベラーノ
雨季 **temporada de** テンポラーダ デ

9月下旬 サンミゲル祭
(サン・ミゲル・デ・アジェンデ)
(San Miguel de Allende)

牛追い
pamplonada
パンプロナーダ

9月16日 独立記念日
Día de la independencia
ディア デラ インデペンデンシア

独立の叫び
Grito de la independencia
グリート デラ インデペンデンシア

9月1日 新学期
Regreso a clases
レグレソ ア クラセス

7月末 ゲラゲッツァ祭 (オアハカ)
Guelaguetza (Oaxaca)
ゲラゲッツァ オアハカ

暑い **Hace calor** アセ カロール	寒い **Hace frío** アセ フリオ	湿気ている **húmedo** ウメド	乾燥している **seco** セコ

40

一年と天気

1月1日 元旦
Año Nuevo
アニョ ヌエボ

天気のことば

天気 clima クリマ	はれ despejado デスペハード	くもり nublado ヌブラド

雨 lluvia ジュビア

雷雨 tormenta トルメンタ

1月6日 三賢者の日
Día de los Reyes Magos (Epifanía)
ディア デ ロス レジェス マゴス (エピファニア)

rosca ロスカ

2月14日 愛と友情の日
Día de Amor y Amistad
ディア デ アモール イ アミスター

友人同士で電話をかけ合ったりプレゼントをして友情を分かち合う日

2月5日 憲法記念日
Día de la constitución
ディア デ ラ コンスティトゥシオン

1月 enero エネロ

2月 febrero フェブレロ

2月〜3月 カーニバル
（ベラクルスなど）
Carnaval
カルナバル

3月21日 ベニート・フアレス生誕日
Natalicio de Benito Juárez
ナタリシオ デ ベニート フアレス

3月 marzo マルソ

invierno インビエルノ 冬
primavera 春 プリマベラ
lluvias ジュビアス

4月 abril アブリル

聖週間 3月末〜4月の1週間
Semana Santa セマナ サンタ

キリストの行列 Procesión プロセシオン

5月 mayo マジョ

6月 junio フニオ

5月1日 メーデー
Día del trabajo
ディア デル トラバホ

メキシコシティでは Ixtapalapa のものが有名
イスタパラパ

6月頃〜8月 夏休み（学校）
Vacaciones de verano
バカシオネス デ ベラーノ

5月10日 母の日
Día de la madre
ディア デ ラ マドレ

4月下旬〜5月上旬 サンマルコス祭
（アグアスカリエンテス）
Feria de San Marcos
フェリア デ サン マルコス

＊ メキシコでは母の日は固定されている大切な日
＊＊ 闘牛やマリアッチショーなどが行われる盛大なお祭り。この期間だけカジノが解禁される

食事・レストラン comida y restaurante
コミーダ イ レスタウランテ

朝食	昼食	夕食
desayuno デサジューノ (7〜8時頃 会社員が朝食 会議をしたりも)	comida コミーダ (ゆっくり、たくさん 食べる)	cena セナ (日本より軽め)

おやつ・夜食・間食	ランチ＊	ファストフード
merienda メリエンダ (朝と昼の間の軽食は almuerzo アルムエルソ)	lonche ロンチェ	comida rápida コミーダ・ラピダ

おなかがすいた	のどがかわいた	おなかがいっぱい
Tengo hambre. テンゴ アンブレ	Tengo sed. テンゴ セッ	Estoy satisfecho. エストイ サティスフェチョ

何が食べたい?	ご注文は?＊＊	ウェイター／ウェイトレス
¿Qué se le antoja? ケ セ レ アントハ	A sus órdenes. アスス オルデネス	mesero/mesera メセロ メセラ

定食	日替わり定食	(アラカルトの)メニュー＊＊＊	飲み物
comida corrida コミーダ コリーダ	menú del día メヌー デル ディア	carta カルタ	bebida ベビーダ
シェフのおすすめ	郷土料理		ソフトドリンク
sugerencia de chef スヘレンシア デ チェフ	antojitos アントヒートス		refresco レフレスコ
おつまみ	サラダ	スープ	アルコール
botana ボターナ	ensalada エンサラーダ	sopa ソパ	alcohol アルコール
前菜	パスタ	お米料理＊＊＊＊	ミネラルウォーター
entradas エントラーダス	pasta パスタ	arroz アロス	agua embotellada アグア エンボテジャダ
肉料理	魚料理	鳥肉料理	炭酸入り ｜ 炭酸なし
carne カルネ	pescado ペスカード	ave アベ	mineral ｜ natural ミネラル ｜ ナトゥラル

↓アルコール㊻

＊ 学校や会社でとるトルタ(メキシコ風サンドイッチ)などのお弁当や軽い昼食のことをこう呼ぶ ＊＊ 一皿はuna orden de〜(ウナ オルデン デ)のように注文する ＊＊＊ menú(メヌー)だと定食メニューを指すことが多いので、アラカルトで注文したいときにこう言う ＊＊＊＊ メキシコのお米料理は主食でなくおかず。付け合わせにお米が付いていることも

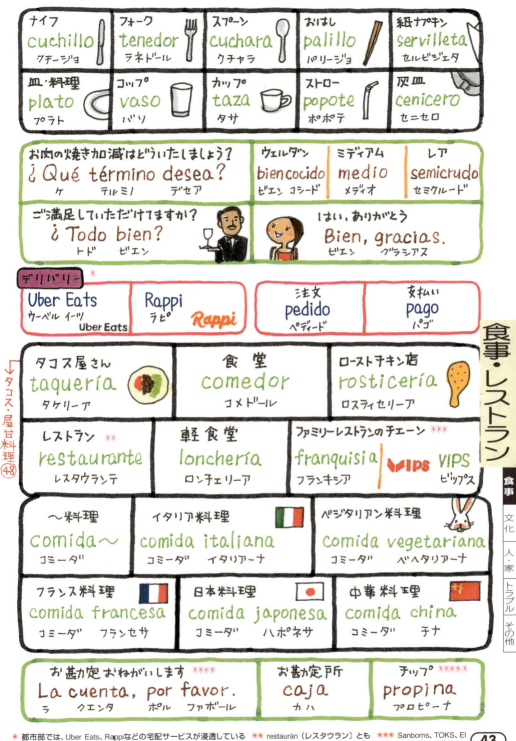

メキシコ料理・郷土料理 antojitos, platillos típicos
アントヒートス　プラティージョス ティピコス

左余白（縦書き）: ↓サルサについてはタコス・屋台料理 48 へ

左タブ: 移動／地図／あいさつ／数字／買物／時間／**食事**

左下タブ: antojitos, platillos típicos

チリ料理 chile チレ

チリのひき肉/チーズ詰め
chile relleno
チレ　レジェーノ
チレ・ポブラーノを使い、揚げた料理

チレス・エン・ノガーダ
chiles en Nogada
チレス　エン　ノガーダ
ひき肉、アーモンド、バナナなどを詰めた
チレ・ポブラーノのクリームソースがけ。
クルミ、ザクロ、コリアンダーをあしらって
メキシコ国旗風にしたおめでたい料理

スープ、クリームスープ sopa, crema
ソパ　クレマ

トルティージャのスープ
sopa de tortillas
ソパ　デ　トルティージャス
トマトベース
揚げトルティージャ入り

カボチャの花のスープ
sopa de flor de calabaza
ソパ　デ　フロール　デ　カラバサ

鶏のコンソメスープ
consomé de pollo
コンソメ　デ　ポジョ
米粒入り。ライムを絞って

フリホーレ豆のクリームスープ
crema de frijol
クレマ　デ　フリホーレ

卵 huevos ウエボス

ウエボス・ランチェロス ※
huevos rancheros
ウエボス　ランチェロス
トルティージャにピリ辛
トマトソースをかけた
目玉焼きをのせたもの

ウエボス・アラ・メヒカーナ
huevos a la mexicana
ウエボス　アラ　メヒカーナ
刻んだタマネギ、トマト、青とうがらし入り炒り卵

アボガド aguacate アグアカテ

ワカモーレ
guacamole
グアカモーレ
トマト、チリを入れた
アボガドディップ

サラダ ensalada エンサラーダ

ウチワサボテンのサラダ
ensalada de nopalitos
エンサラーダ デ ノパリートス
食感が楽しい健康食

トルティージャ料理 tortillas トルティージャス

チラキレス
chilaquiles
チラキレス
揚げたトルティージャ
チップ＋ピリ辛トマト
ソース

エンチラーダ・デ・ポジョ
enchilada de pollo
エンチラーダ　デ　ポジョ
トルティージャに鶏肉をはさんで
赤（roja ロハ）または緑（verde
ベルデ）のサルサをかけたもの

米 arroz アロス

メキシコ風ピラフ
arroz a la mexicana
アロス　アラ　メヒカーナ

ソペ
sope
ソペ
小さいトルティージャを揚げ焼き
にしてサルサや鶏肉をのせたもの

ケソ・フンディード
queso fundido
ケソ　フンディード
小麦粉のトルティージャに
つつんで食べるチーズフォンデュ。
チョリソ入りなども。

とてもおいしい！	まあまあ	しょっぱい	甘い
¡riquísimo!	más o menos	salado	dulce
リキッシモ！	マス オ メノス	サラード	ドゥルセ

※ 目玉焼き2個バージョンは huevos divorciados（ウエボス　ディボルシアードス）

肉 carne

カルネ・アラ・タンピケーニャ
carne a la tampiqueña
カルネ アラ タンピケーニャ

牛フィレの薄切りステーキ

ミラネサ
milanesa
ミラネサ

牛や鶏の肉をたたいて薄くしたものにパン粉をつけて揚げたもの

魚介 mariscos マリスコス

魚介類のマリネ
cebiche
セビッチェ

ライムを絞って

エビのカクテル
cóctel de camarón
コクテル デ カマロン

タマネギ、コリアンダー、トマトソース入りでコップで出てくる。ほかにカキやタコのものも

その他 otros オトロス

フリホール豆ペースト
frijoles refritos
フリホーレス レフリートス

つけ合わせの代表。ピリ辛のものも

ポソレ
pozole
ポソレ

ジャイアントコーン入りの豚骨スープ。レタス、タマネギ、ラディッシュなどをトッピングに

郷土料理 platillos típicos プラティージョス ティピコス

モーレ・ポブラー（プエブラ）
mole poblano (Puebla)
モーレ ポブラーノ プエブラ

数種の干しと木の実をひいたものにラード、チョコレートを加えた甘くて辛い名物料理。鶏肉などにかけて

モーレのタマル（オアハカ）
tamal de mole (Oaxaca)
タマル デ モーレ オアハカ

モーレ入りのトウモロコシちまき。バナナの皮でくるんで蒸してある

鯛のベラクルス風煮込み（ベラクルス）
huachinango a la veracruzana (Veracruz)
ウチナンゴ アラ ベラクルサーナ ベラクルス

ウチナンゴは鯛の一種の白身魚。トマト、タマネギ、白ワインなどで煮こんださっぱり味

羊のバルバコア（イダルゴ）
barbacoa (Hidalgo)
バルバコア イダルゴ

羊肉をリュウゼツランの葉でつつんで蒸し焼きにしたもの

トラコージョ（メキシコシティ・イダルゴ）
tlacoyo (CDMX, Hidalgo)
トラコージョ セデエメ エキス イダルゴ

わらじ型のトルティージャにひき肉やチーズを入れて焼き、サボテンのマリネなどをトッピング

コチニータ・ピビル（ユカタン）
cochinita pibil (Yucatán)
コチニータ ピビル ユカタン

豚肉を干しと酢で煮込んだ料理

すっぱい	変わった味	多い	少ない
ácido アシド	muy original ムイ オリヒナル	es mucho… エス ムチョ	es poco エス ポコ

メキシコ料理・郷土料理

アルコール alcohol
アルコール

一杯おごりますよ Le invito un trago. レ インビト ウン トラゴ	乾杯！ ¡Salud! サルー	バー bar バール
～をください Me da～, por favor. メ ダ ポル ファボール	酔っ払っちゃったよー。 Ya me emborraché ジャ メ エンボラチェー	酒場 cantina カンティーナ

ビール cerveza セルベッサ	コロナ corona コロナ	テカテ tecate テカテ	モデロ・エスペシアル modelo especial モデロ エスペシアル
ネグラ・モデロ negra modelo ネグラ モデロ	ビクトリア Victoria ビクトリア	ボヘミア bohemia ボエミア	クラフトビール Cerveza Artesanal セルベッサ アルテサナル
生ビール Cerveza de Barril セルベッサ デ バリル	ミチェラダ * michelada ミチェラダ <small>好みのビールとライムのカクテル。タバスコ・塩を入れることも。</small>		塩 sal サル
テキーラ tequila テキーラ	ホセ・クエルボ José Cuervo ホセ クエルボ <small>老舗のテキーラメーカー</small>	エラドゥーラ Herradura エラドゥーラ <small>自社農園を持ち原料と伝統製法に拘りのある人気メーカー</small>	お酒によく使う ライム limón リモン
ブランコ blanco ブランコ <small>蒸留後、アルミタンクで3ヶ月 ねかせたもの</small>	レポサード reposado レポサード <small>蒸留後、木の樽で2〜3ヶ月 熟成させたもの</small>	アニエホ añejo アニエホ <small>蒸留後、木の樽で1年以上 熟成させたもの</small>	クリスタリーノ Cristalino クリスタリーノ <small>木樽で熟成させた後で濾過して透明化させたテキーラ。なめらかさがウリ。</small>
サングリータ sangrita サングリータ <small>レモン汁、トマトジュース、タバスコなどが混ぜてある</small>	マルガリータ margarita マルガリータ <small>テキーラ＋ライム＋塩。フローズンが一般的</small>	パローマ Paloma パローマ <small>テキーラをグレープ炭酸飲料で割った庶民的カクテル</small>	テキーラ用ショットグラス Caballito カバジート

46 ＊ 地方ではビールにライムと塩を加えたカクテルをcheladaと呼ぶ。micheladaというと、ライムと塩にマギー、タバスコなどが加わる。メキシコシティではこのマギー、タバスコ入りはcubanaと呼ぶ

おつまみ botana ボターナ	チーズの盛り合わせ queso surtido ケソ スルティード	チョリソー入り チーズフォンデュ Queso Fundido Con Chorizo ケソフンディード コン チョリーソ	ピーナツ cacahuate カカワテ
メスカル mezcal メスカル 竜舌蘭（アガベ） の蒸留酒	マゲイのイモムシ gusano de maguey グサーノ デ マゲイ 炒っておつまみにしたり メスカルの瓶に入れたりする	プルケ pulque プルケ リュウゼツランの発酵酒	ロンポペ rompope ロンポペ 卵黄、バニラエッセンス等の 入った甘いお酒。子供でも飲む

アルコール

ワイン vino ビノ	赤 tinto ティント	白 blanco ブランコ	ロゼ rosado ロサド
シャンペン champaña チャンパーニャ	サングリア* sangría サングリーア	フルーツポンチ ponche ポンチェ	コンガ conga コンガ ノンアルコール カクテル
ミドリ midori ミドリ サントリーのメロンリキュール	カルーア kahlúa カルーア 甘いコーヒーリキュール	ポッシュ Pox ポッシュ チアパス州でマヤ文明 から伝わるトウモロコシ の蒸留酒	ウォッカ vodka ヴォッカ
ウヰスキー Wisky ウイスキー	ジン ginebra ヒネブラ	カラヒージョ Carajillo カラヒージョ エスプレッソにリキュールLicor43 を加えたホットコーヒーカクテル	
ラム酒 ron ロン	キューバ・リブレ cuba libre クーバ リブレ	ピニャ・コラーダ piña colada ピニャ コラーダ	ダイキリ daiquirí ダイキリ
カンペチャーナ campechana カンペチャーナ	メキシコシティでは キューバ・リブレに クラブソーダを混ぜ たもの。お酒を 2種類以上混ぜ たもののことも指す	アルコールの度数 grado グラード	二日酔いです Estoy crudo. エストイ クルード

＊ 同名で小瓶に入ったソフトドリンク（ぶどう味）もある

タコス・屋台料理 en la taquería y puestos de comida
エン ラ タケリーア イ プエストス デ コミーダ

何にいたしやしょう？
¿Qué va a querer?
ケ バ ア ケレール

〜を1人前（□人前）ください
Una orden (□ órdenes) de 〜, por favor.
ウナ オルデン（オルデネス）デ〜、ポル ファボール

(トッピングを) 全部のせていいですか？
¿Con todo?
コン トド

いいです **Sí** シー

〜抜きにしてください **sin〜** シン

タコス tacos タコス

パストール * **al pastor** アル パストール		ビーフ **bistec** ビステック	
ポークチョップ **chuleta** チュレタ		チョリソ(腸詰め) **chorizo** チョリソ	
ロンガニサ(腸詰め) **longaniza** ロンガニサ		リブロース **costilla** コスティージャ	
スアデロ *** **suadero** スアデロ		トリーパ **** **tripa** トリーパ	

チリ(唐辛子) **chile** チレ

タマネギ **cebolla** セボジャ

コリアンダー(香菜) **cilantro** シラントロ

塩 **sal** サル ｜ ライム **limón** リモン

〜個 **porción** ** ポルシオン

サルサ salsa サルサ

サルサ・メヒカーナ **salsa mexicana** サルサ メヒカーナ	タマネギ、トマトとチレ・デ・アルボル、コリアンダーで作る三色のサルサ	
サルサ・ロハ(赤) **salsa roja** サルサ ロハ	トマトと干しセラーノ、タマネギをメインに作る赤いサルサ	
サルサ・ベルデ(緑) **salsa verde** サルサ ベルデ	グリーントマトとタマネギ、コリアンダー、チレ・セラーノで作るグリーン・サルサ	

カラ〜イ!!
¡¡Ya me enchilé!!
ジャ メ エンチレー

* パイナップルがひとかけらのっていたりする　** ひと皿にのっているタコスの数
*** 牛の腹と後ろ足の間にある部分のお肉。少々脂っこい　**** 通常は牛の腸。ホルモン好きにはおすすめ

48

トウモロコシのトルティージャ	小麦粉のトルティージャ	ゴルディータ
tortilla de maíz	**tortilla de harina**	**gordita**
トルティージャ デ マイース	トルティージャ デ アリーナ	ゴルディータ
		分厚くて揚げてある
アランブレ	グリンガ	シンクロニサーダ
alambre	**gringa**	**sincronizada**
アランブレ	グリンガ	シンクロニサーダ
ミックスタコス	パストール＋チーズ	ハム＆チーズ
トスターダス	ケサディージャ	フラウタ
tostada	**quesadilla**	**flauta**
トスターダ	ケサディージャ	フラウタ
パリパリのトルティージャに いろいろトッピング	2つ折りトルティージャに チーズや肉をはさんで 焼くか揚げるかしたもの	短いバージョンは タコス・ドラードスという
チャルーパ	ウチワサボテンのステーキ	タコスのつけ合わせの王様
chalupa	**nopalito**	**cebollita**
チャルーパ	ナパリート	セボジータ

タコス・屋台料理

ジュース類

aguas y refrescos
アグアス イ レフレスコス

ボーイング（炭酸なし）	コカコーラ	ペプシ	ペニャ フィエル
Boing!	**coca cola**	**pepsi**	**peñafiel**
ボーイン	コカ コラ	ペプシ	ペニャ フィエル

〜水	ハマイカ	タマリンド	オルチャータ
agua de〜	**jamaica**	**tamarindo**	**horchata**
アグア デ	ハマイカ	タマリンド	オルチャータ
	ハマイカという花のジュース。赤くてすっぱい	タマリンドの実で作る 甘酸っぱいジュース	米のジュース

その他 otros オトロス

トルタ	ハンバーガー	タマル いろんなフレーバーあり
torta	**hamburguesa**	**tamal**
トルタ	アンブルゲサ	タマル アトーレ **atole** アトーレ
メキシコ風サンド。bolillo(ボリジョ)というパンの間に卵やハム鶏肉等はさんで		とうもろこしちまき。アトーレというとうもろこしと牛乳で作ったおも湯と一緒に

持ち帰りで para llevar パラ ジェバール

デザート・軽食 postre y comida ligera
ポストレ イ コミーダ リヘラ

タマリンド菓子 **dulce de tamarindo** ドゥルセ デ タマリンド タマリンドの種と、とうがらし、砂糖の辛くて甘いお菓子	ドゥルセ デ レチェ **dulce de leche** ドゥルセ デ レチェ キャラメル (cajeta カヘタ) ベースの練り菓子	ケーキ **pastel** パステル 三種のミルクのケーキ **pastel de tres leches** パステル デ トレス レチェス ウェディングケーキetcに多い、超甘ケーキ
アロス・コン・レチェ **arroz con leche** アロス コン レチェ 米＋牛乳＋シナモン＋砂糖	チョンゴ **chongo** チョンゴ 牛乳のたんぱく質を固めてシロップづけにしたもの	
マサパン **mazapán** マサパン ピーナッツ粉と砂糖のお菓子	アテ **ate** アテ グアバやタマリンドの甘酸っぱい羊かん風	カモテ **camote** カモテ サツマイモで作るイモ羊かん風

アイスクリーム **helado** エラード	シャーベット **nieve** ニエベ	プリン **flan** フラン	アイスキャンディー **paleta** パレタ	フレーバー **sabores** サボーレス

オレンジジュース(100%) **jugo de naranja** フーゴ デ ナランハ	グレープフルーツジュース(100%) **jugo de toronja** フーゴ デ トロンハ	パイナップルジュース(100%) **jugo de piña** フーゴ デ ピーニャ
ミルクセーキ **malteada** マルテアダ	バニラ味の **de vainilla** デ バイニージャ / チョコレート味の **de chocolate** デ チョコラテ / イチゴ味の **de fresa** デ フレサ	アイスコーヒー **café helado** カフェ エラード

レモネード **limonada** リモナーダ	オレンジエード **naranjada** ナランハーダ	炭酸入り **mineral** ミネラル / 炭酸抜き **natural** ナトゥラル	ホットチョコレート **chocolate** チョコラテ

カフェ・デ・オジャ **café de olla** カフェ デ オジャ シナモン、クローブと一緒に煮つめた甘いメキシカンコーヒー	カフェオレ **café con leche** カフェ コン レチェ インスタントコーヒー **nescafé** ネスカフェ	カフェイン抜きコーヒー **café descafeinado** カフェ デスカフェイナード イエルバブエナ茶 **té de hierbabuena** テ デ イエルバブエナ
カモミール茶 **té de manzanilla** テ デ マンサニージャ	ハマイカ茶 **té de jamaica** テ デ ハマイカ	フルーツやハーブのお茶 **tisana** ティサーナ

50 ＊グロリア(Gloria)などが有名 ＊＊その他の種類のコーヒー、ハーブティーについては単語集を参照

スナック comida ligera
コミーダ　リヘラ

フルーツのカクテル
cóctel de frutas
コクテル デ フルータス

エローテス
elotes
エローテス
ゆでとうもろこし＋マヨネーズ＋チリ

エスキーテス
esquites
エスキーテス
ゆでたとうもろこし粒＋マヨネーズ＋ライム＋チリ

ポップコーン
palomitas
パロミータス

ポテトチップス
papitas
パピータス

ナチョス
nachos
ナチョス

チチャロン
chicharrón
チチャロン
豚の皮をラードで揚げたもの
→市場 ㉞

トッピング				
～付き **con～** コン	チレ・ピキン **chile piquín** チレ ピキン 辛くない干しチリパウダー	サルサ・バレンティーナ **salsa valentina** サルサ バレンティーナ 辛めのソース	ライム **limón** リモン	塩 **sal** サル
～なし **sin～** シン	生クリーム **crema** クレマ	チーズ **queso** ケソ	マヨネーズ **mayonesa** マヨネサ	マスタード **mostaza** モスタサ

モジェテ
mollete
モジェテ
ボリージョの上にフリホール、豆ペースト＋チーズ

エンパナーダ
empanada
エンパナーダ
パイ生地に肉やハム、チーズなど詰めてオーブンで焼いたもの

トトポス
totopos
トトポス
トルティージャチップのこと

デザート・軽食

パン
pan
パン

クロワッサン
cuernito
クエルニート
角(cuerno)の形をしていることから

ビンボーのパン
pan Bimbo
パン　ビンボー

コンチャ
concha
コンチャ
メロンパンに似た形。「貝」という意味。

ボリージョ
bolillo
ボリージョ
フランスパンを少しやわらかくした感じの小型パン

食パン
pan blanco
パン　ブランコ

パンケーキ
panqué
パンケー

その他 otros オトロス

サブリータス
Sabritas
サブリータス
スナックメーカー。チリ口味スナックもバラエティ豊か。

ガム
chicle
チクレ

キャンディー
dulce
ドゥルセ

マリネラ
marinela
マリネラ

クッキー
galleta
ガジェタ

インスタントラーメン
maruchan
マルチャン
屋台もある

51

遺跡・リゾート　ruinas y playas
ルイーナス　イ　プラジャス

| 入場券を□枚ください
Déme □ boletos, por favor.
デメ　　ボレトス　ポル ファボール | パンフレット
folleto
フォジェト | ガイド
guía
ギーア |

| マヤ
Maya
マヤ | アステカ
Azteca
アステカ | オルメカ
Olmeca
オルメカ | サポテカ
Zapoteca
サポテカ |

遺跡　ruinas　ルイーナス

| 考古学ゾーン
zona arqueológica
ソナ　アルケオロヒカ | 考古学博物館
museo arqueológico
ムセオ　アルケオロヒコ | 神(女神)
dios (diosa)
ディオス　ディオサ |

| 主神殿
templo principal
テンプロ　プリンシパル | 宮殿
el Palacio
エル　パラシオ | 祭壇
altar
アルタール |

| テオティワカン遺跡
Teotihuacán
テオティワカン
(メキシコ最大の都市遺跡) | 太陽のピラミッド
Pirámide del sol
ピラミデ デル ソル | 月のピラミッド
Pirámide de la luna
ピラミデ デ ラ ルナ |

| ケツァルコアトルの神殿
Templo de Quetzalcóatl
テンプロ　デ　ケツァルコアトル | 死者の道
Calle de los Muertos
カジェ デ ロス ムエルトス | 太陽の石
Piedra del sol
ピエドラ デル ソル |

| チチェン・イツァ遺跡
Chichén Itzá
チチェン　イツァ | チャクモール像
Chac Mool
チャク　モール | 墳墓
tumba
トゥンバ |

| フラッシュ禁止
No FLASH
ノ　フラッシュ | ゴミ捨て禁止
NO TIRAR LA BASURA
ノ ティラール ラ バスラ | 禁煙
NO FUMAR
ノ　フマール | 順路
RUTA
ルタ |

芸術・宗教 arte y religión
アルテ イ レリヒオン

芸術 Arte アルテ	国立美術館 Museo Nacional de Arte ムセオ ナシオナル デ アルテ	ギャラリー galería ガレリア
展覧会 exposición エスポシシオン	絵画 pintura ピントゥラ	デッサン dibujo ディブホ	風景画 paisaje パイサヘ
画家 pintor ピントール	肖像画 retrato レトラト	宗教画 pintura religiosa ピントゥラ レリヒオサ	彫刻 escultura エスクルトゥラ
私は絵を描くのが好きです Me gusta pintar. メ グスタ ピンタール	額縁 marco マルコ	ポストカード postal ポスタル

| 壁画
pintura mural
ピントゥラ ムラル | 巨匠
maestro
マエストロ |  |

David Alfaro Siqueiros
ダビー アルファロ シケイロス
(1896〜1974)

Diego Rivera
ディエゴ リベラ
(1886〜1957)

Frida Kahlo
フリーダ カーロ
(1907〜1954)

José Clemente Orozco
ホセ クレメンテ オロスコ
(1883〜1949)

Rufino Tamayo
ルフィーノ タマヨ
(1899〜1991)

Remedios Varo
レメディオス バロ
(1908〜1968)

54

文学 literatura リテラトゥラ	小説 novela ノベラ	歴史 historia イストリア	ノーベル賞 Premio Nobel プレミオ ノベル
作家 autor(a) アウトール(ラ)	パス Octavio Paz オクタビオ パス	フエンテス Carlos Fuentes カルロス フエンテス	サビーネス Jaime Sabines ハイメ サビーネス 詩人 poeta ポエタ
サンボーンズ(デパート) Sanborns サンボーンズ	ガンディ(カフェテリア付き本屋) Gandhi ガンディ	本屋はどこにありますか？ ¿Dónde está la librería? ドンデ エスタ ラ リブレリーア	

↓買い物・色 29

宗教 religión レリヒオン	カトリック教徒 católico(a) カトリコ(カ)	神父 padre パドレ	ローマ法王 Papa パパ
マリア様 Virgen María ビルヘン マリーア	幼な子イエス niño Jesús ニニョ ヘスース	修道女 monja モンハ	修道院 convento コンベント

グアダルーペの聖母 ＊ Virgen de Guadalupe ビルヘン デ グアダルーペ

グアダルーペ寺院 Basílica de Guadalupe バシリカ デ グアダルーペ

奇跡のマント ＊＊ manta del milagro / Juan Diego マンタ デル ミラグロ / フアン ディエゴ

礼拝堂 capilla カピージャ	ミサ misa ミサ	祈り oración オラシオン	初聖体 primera comunión プリメラ コムニオン

芸術・宗教

文化　人・家　トラブル　その他

＊ メキシコ国民に深く愛されている褐色の肌をした聖母　＊＊ テペヤックの丘を通りかかった村人ファン・ディエゴの前に現れたグアダルーペの聖母が行った奇跡。バラの花をたんでいたマントを広げると、聖母の肖像画が浮かびあがった。マントはグアダルーペ寺院の大聖堂に飾られている

サッカー・ルチャリブレ fútbol y lucha libre
フッボル イ ルチャ リブレ

あなたの一番好きなチームはどこですか？	チーム
¿Cuál equipo le gusta más ? クアル エキーポ レ グスタ マス	equipo エキーポ

アメリカ América 	グアダラハラ Guadalajara (chivas) (チバス)	クルスアスル CruzAzul	ウナム・プマス UNAM (PUMAS)	サントスラグーナ Santos Laguna	ネカクサ Necaxa
ティグレス Tigres	トルーカ Toluca	アトランテ Atlante	アトラス Atlas	モレーリア Morelia	レオン León
モンテレイ Monterrey	プエブラ Puebla	パチューカ Pachuca	イラプアト Irapuato	ラ ピエダー La Piedad	ベラクルス Veracruz
ティファナ Tijuana	マサトラン Mazatlán	ケレタロ Querétaro 	アトレティコ・デ・サン・ルイス Atlético de San Luis		

サッカー fútbol フッボル	選手 jugador フガドール	監督 director ディレクトール	ボール balón バロン
試合 partido パルティード	優勝トーナメント戦 liguilla リギージャ	ワールドカップ Copa Mundial コパ ムンディアル	アメリカ杯 Copa América コパ アメリカ
競技場 cancha カンチャ	一階席 abajo アバホ	二階席 arriba アリーバ	入場券 entrada エントラーダ
エスト紙 ESTO オバシオネス紙 OVACIONES (スポーツ新聞)	いけー！ ¡Dale! / ¡Vamos! ダレ バモース	勝ったぞ！ ganamos ガナモス	負けた perdimos ペルディモス

56

ルチャ・リブレ (プロレス) **lucha libre**	プロレスラー **luchador** ルチャドール	ヒール(悪玉) **rudo** ルード	善玉 **técnico** テクニコ
レフリー **réferee** レフエレー	マスク **máscara** マスカラ	チャンピオン **campeón** カンペオン	最軽量階級 **los Minis** ロス ミニス
タッグ **parejas** パレハス	3人チーム **trios** トリオス	4人チーム **atómicos** アトミコス	キャプテン **capitán** カピタン
リング **cuadrilátero** クアドリラテロ	コーナー **esquina** エスキーナ	バトル **batalla** バタジャ	フォール **caída** カイーダ

ミル マスカラス **Mil Máscaras**	イホ デルサント **Hijo del Santo**
アレブリヘ イ クイヘ **Alebrije y Cuije**	ウルティモドラゴン* **Ultimo Dragón**

技 **llave** ジャベ

ボディプレス **plancha** プランチャ

頭突き **tope** トペ

敵の肩を足で押さえつけ、足を腕でブロック **rana** ラナ

場外にいる相手に仕掛ける技 **suicida** スイシーダ

アレナ・メヒコ **Arena México** (ルチャ・リブレの競技場。シティで最大)

サッカー・ルチャリブレ

文化 | 人・家 | トラブル | その他

* 新日本プロレスの練習生を経て87年に単身でメキシコに渡りデビュー。選手活動と平行してメキシコに97年「闘龍門」ULTIMO DRAGON GYMを設立

57

エンターテインメント espectáculos y entretenimiento
エスペクタクロス イ エントレテニミエント

マリアッチ mariachis マリアキス

¡Echale! エチャレ！
¡Ayaya～y! アーイアイア～イ！

ギター guitarra ギターラ	バイオリン violín ビオリン	ギタロン guitarrón ギタロン （大きいギターのような楽器）
ビウェラ vihuela ビウェラ	レキント requinto レキント	トランペット trompeta トロンペタ

何かリクエストはありませんか？ ¿Desea alguna canción? デセア アルグナ カンシオン	いいえ、ありがとう No, gracias ノ グラシアス	マリンバ marimba マリンバ
ロマンチックな（陽気な）曲をお願いします Una que sea romántica (alegre), por favor ウナ ケ セア ロマンティカ （アレグレ） ポル ファボール			アルパ arpa アルパ
～をお願いします ～, por favor ポル ファボール	♪ラ バンバ La Bamba ラ バンバ	♪シェリト リンド Cielito lindo シェリート リンド	♪グアダラハラ Guadalajara グアダラハラ
♪メヒコ リンド México Lindo メヒコ リンド	♪ラ マラゲーニャ La Malagueña ラ マラゲーニャ	♪ベサメ ムーチョ Bésame mucho ベサメ ムチョ	♪ソラメンテ ウナベス Solamente Una vez ソラメンテ ウナベス

民族舞踊 Ballet Folklórico バレッ フォルクロリコ	鹿の踊り danza del venado ダンサ デル ベナード

58

〜に行きましょう！ ¡Vamos a ir a〜 バモス アイル ア	踊りに bailar バイラール	ディスコテカ discoteca ディスコテカ
〜に行きたいです Quiero ir a〜 キエロ イル ア	映画 cine シネ	バー bar バール / 劇場 teatro テアトロ
踊りましょう ¡Vamos a bailar! バモス ア バイラール	うまく踊れません No sé bailar bien ノ セ バイラール ビエン	上演・上映 función フンシオン
踊りを教えてもらえますか？ ¿Me puede enseñar a bailar, por favor? メ プエデ エンセニャール ア バイラール ポル ファボール		ステップ pasos パソス

あなたのお気に入りの〜は誰ですか？
¿Quién es su〜 favorito(a)?
キエン エス ス ファボリート(タ)

今は亡き名喜劇役者
Cantinflas
カンティンフラス

エンターテインメント

アーティスト
Artistas
アルティスタス

世界的なギタリスト
Carlos Santana
カルロス サンタナ

ロックバンド4人組
Maná
マナ

ランチェーラ音楽
Música Ranchera
ムシカ ランチェーラ

メキシコが誇る カリスマ・シンガー
Luis Miguel
ルイス ミゲル

メキシコの石原裕次郎
Pedro Infante
ペドロ インファンテ

バラード
Balada
バラーダ

メキシコ色全開の オアハカ出身の歌姫
Lila Downs
リラ・ダウンズ

ランチェーラ界のプリンス
Alejandro Fernández
アレハンドロ フェルナンデス

スペイン語ロック
Rock en español
ロック エン エスパニョール

大御所
Lucero
ルセロ

ランチェーラ界のドン
Vicente Fernández
ビセンテ フェルナンデス

北部地方の音楽ジャンル
Música Norteña
ムシカ ノルテーニャ

文化 | 人・家 | トラブル | その他

日本の文化 cultura japonesa
クルトゥラ　ハポネサ

空手 karate

~を知っていますか？
¿Conoce ~?
コノセ

~のことを聞いたことがありますか？
¿Ha oído de ~?
ア　オイード　デ

日本のアニメ・マンガ caricatura japonesa カリカトゥラ　ハポネサ	キティちゃん kitty キティ 
ピカチュウ Picachu ピカチュー	(ドラゴンボールの)悟空 Goku ゴクウ	なると Naruto ナルト	アルプスの少女ハイジ Heidi ヘイディ

~を食べたことはありますか？
¿Ha comido ~?
ア　コミード

~は好きですか？
¿Le gusta ~?
レ　グスタ

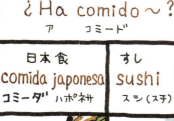

日本食 comida japonesa コミーダ　ハポネサ	すし sushi スシ(スチ)	巻きずし rollito ロジート	さしみ sashimi サシミ
ラーメン ramen ラーメン	鉄板焼 teppanyaki テパンジャキ 	天ぷら tempura テンプーラ 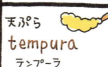	わさび wasabi ワサビ
酒 sake サケ	焼ちゅう shochu ショーチュ(チョーチュ) 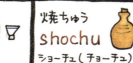	しょうゆ salsa de soya サルサ　デ　ソヤ 	豆腐 tofu トーフ 
米 arroz アロス	おはし palillos パリージョス	茶 té verde テ　ベルデ	みそ汁 sopa de miso ソパ　デ　ミソ 

三船 敏郎 Toshiro Mifune トシロー　ミフーネ	黒澤 明 Kurosawa クロサーワ	七人の侍 los siete samurais ロス　シエテ　サムライス
「価値ある男」 Animas Trujano アニマス　トゥルハーノ 三船主演のメキシコ日映画	三島 由紀夫 Yukio Mishima ユキオ　ミシーマ	村上春樹 Haruki Murakami ハルキ　ムラカミ

護身術 artes marciales アルテス　マルシアレス	空手 karate カラーテ	柔道 judo ジュード

力士 luchador de sumo ルチャドール　デ　スーモ	イチロー Ichiro イチロー	大谷翔平 Shohei Ohtani ショーヘイ・オータニ

日本の文化

それは日本のものではありません。 Eso no es de Japón. エソ　ノ　エス　デ　ハポン	それはもう時代遅れです。 Eso ya pasó de moda. エソ　ジャ　パソ　デ　モダ
とても人気があります。 Es muy popular エス　ムイ　ポプラール	あまり見かけません。 No es muy común. ノ　エス　ムイ　コムン

テレビゲーム Nintendo ニンテンドー	新幹線 tren bala トレン　バラ	着物 kimono キモーノ	ゴジラ Godzilla ゴジーラ
コメットさん señorita cometa セニョリータ　コメタ	桜 cereza セレサ	富士山 monte Fuji モンテ　フヒ	大仏 Buda ブダ

忍者 ninja ニンジャ 鶴 grulla グルージャ	メキシコ人も知っている日本語 可愛い　　　オタク kawaii　　　otaku カワイイ　　　オタク 折り紙　　　カラオケ origami 　karaoke オリガミ　　　カラオケ	絵文字 emoji エモジ(エモヒ) 改善 kaizen カイゼン(カイセン)

文化　人・家　トラブル　その他

家 casa
カサ

リビング・食堂 sala y comedor
サラ イ コメドール

額入りの絵 **cuadro** クアドロ

ソファ **sofá** ソファー

引き出し **cajón** カホン

戸棚 **armario** アルマリオ

窓 **ventana** ベンターナ

テーブル **mesa** メサ

敷き物 **tapete** タペテ

壁 **pared** パレー

テレビ **televisor** テレビソール

ドア **puerta** プエルタ

ランチョンマット **mantelita** マンテリータ

サルサ入れ **molcajete** モルカヘテ

イス **silla** シージャ

電子レンジ **horno de microondas** オルノ デ ミクロオンダ

バスルーム・トイレ **baño** バニョ	階段 **escalera** エスカレラ
床 **suelo** スエロ	天井 **techo** テチョ
家具 **mueble** ムエブレ	ガレージ **cochera** コチェラ

冷蔵庫 **refrigerador** レフリヘラドール

62

メキシコの人びと los mexicanos y mexicanismos
ロス メヒカーノス イ メヒカニスモス

独立戦争	英雄	メキシコ革命
guerra de la Independencia	héroe	revolución mexicana
ゲラ デラ インデペンデンシア	エロエ	レボルシオン メヒカーナ

イダルゴ神父
Miguel Hidalgo
ミゲル イダルゴ

モレーロス
José María Morelos
ホセ マリーア モレロス

サパタ
Emiliano Zapata
エミリアーノ サパタ

パンチョ・ビジャ
Pancho Villa
パンチョ ビジャ

80年代を中心に活躍したボクサー

Julio César Chávez
フリオ セサール チャベス

アカデミー賞受賞監督

Guillermo del Toro
ギジェルモ・デル・トロ

ハリウッド進出メキシコ人女優
サルマ・ハエック

Salma Hayek

子役から国際的な演技派に成長
ガエル・ガルシア・ベルナル

Gaél García Bernal

---

piropos ピロポス

道行く女性に男性がかけるほめ言葉。とくに反応する必要なし

- mamacita ママシータ
- bonita ボニータ
- guapa グアパ
- chinita チニータ
- güerita グエリータ
- ¡qué chula! ケチューラ

〈いろいろな呼び方〉
女性同士などでも実にいろいろな方法で相手に呼びかける。本来の意味を考えてしまうと「？？？」

- hija イーハ 「娘」の意味
- niña ニーニャ 「女の子」
- mi vida ミ ビダ 「私の命」
- mi reina ミ レイナ 「私の女王様」
- mi amor ミ アモール 「私の愛しい人」

64

チャレリーア **charrería** チャレリーア メキシコの国技 	メキシコのカウボーイ **charro** チャーロ 

サルー！ ¡Salud!
ハクション ¡achú! アチュー
ありがとう Gracias グラシアス

くしゃみをしたら、「サルー」（お大事に！）と周りから声がかかるので、「ありがとう（グラシアス）」と言う

食事をしている人、始めようとしている人に向かって

ごゆっくり ¡Buen provecho! ブエン プロベチョ

メキシコの人びと

上流階級の **fresa** フレサ 	エグゼクティブ **ejecutivo** エヘクティーボ	ダサイ **naco** ナコ	「ダチ」その1 **carnal** カルナル
	気取り屋の **cursi** クルシ		「ダチ」その2 **canai** カナイ
男の仲間・ヤツ **cuate** クアテ	女の仲間・友だち **cuata** クアタ	きょうだい(男に)＊ **mano** マノ	きょうだい(女に)＊ **mana** マナ
彼氏・男の子 **chavo** チャボ	彼女・女の子 **chava** チャバ	白人(転じて外国人) **güero** グエロ	アメリカ人 **gringo** グリンゴ

メキシコで一般の人はほとんど英語を話さないが、お隣り米国の影響を受けたコトバも多い。ランチ(lonche ロンチェ)も1例。	チャンスをくれる？ ¿**Me das chance**? メ ダス チャンセ
車で乗せていってあげるよ **Te doy un raid.** テ ドイ ウン ライ	車 **carro** カロ	スポーツタイプ **tipo sport** ティポ スポート

呪術 **brujería** ブルヘリーア	お祓い **limpia** リンピア	お守り **amuleto** アムレト  五円玉もお守りとして使われることがある

＊本当の兄弟姉妹以外にも使う

家族・友だち familia / amigos ファミリア　アミーゴス

~はいますか? ¿Tiene ~? ティエネ	~は何人いますか? ¿Cuántos ~ tiene? クアントス　　　ティエネ	
(私には)~がいます 〇人います Tengo ~ テンゴ →数字とお金	私は~と住んでいます Vivo con ~ ビボ　コン	はい　Sí シ いいえ　No ノ

家族 familia ファミリア	両親 padres (papás) パドレス (パパス)	父 padre (papá) パードレ (パパー)	母 madre (mamá) マードレ (ママー)
きょうだい(複数) hermanos エルマノス	兄・弟 hermano エルマノ	姉・妹 hermana エルマナ	年上の mayor マジョール 年下の menor メノール
祖父母 abuelos アブエロス	おじいさん abuelo アブエロ	おばあさん abuela アブエラ	孫たち nietos ニエトス
子供たち hijos イホス	息子 hijo イホ	娘 hija イハ	孫息子 nieto ニエト
赤ちゃん bebé ベベ	夫 esposo エスポソ	妻 esposa エスポサ	孫娘 nieta ニエタ

しゅうと suegro スエグロ	しゅうとめ suegra スエグラ	義理の兄・弟 cuñado クニャード	義理の姉・妹 cuñada クニャーダ

～と気が合います	～はとってもいい人!
Me llevo bien con～.	¡～ es muy buena onda!
メ ジェボ ビエン コン	エス ムイ ブエナ オンダ

親せき	おじさんたち	おじさん	おばさん
parientes	tíos	tío	tía
パリエンテス	ティオス	ティオ	ティア

いとこたち	いとこ(男)	いとこ(女)	ふたご
primos	primo	prima	gemelos
プリモス	プリモ	プリマ	ヘメロス

甥たち	甥	姪	
sobrinos	sobrino	sobrina	
ソブリノス	ソブリノ	ソブリナ	

友だち	男ともだち	女ともだち	親友
amigos	amigo	amiga	mejor amigo(a)
アミーゴス	アミーゴ	アミーガ	メホール アミーゴ(ガ)

彼氏	彼女	婚約者	愛人
novio	novia	prometido(a)	amante
ノビオ	ノビア	プロメティード(ダ)	アマンテ

離婚経験者	やもめ(未亡人)	カップル	もと～
divorciado(a)	viudo(a)	pareja	ex～
ディボルシアード(ダ)	ビウド(ダ)	パレハ	エキス～

結婚式	結婚/婚姻関係	内縁のカップル	シングルマザー
boda	matrimonio	unión libre	madre soltera
ボダ	マトリモニオ	ウニオン リブレ	マードレ ソルテラ

ご近所さん	ボス	同僚	代父 ※
vecino	jefe	compañero(a)	padrino
ベシーノ	ヘフェ	コンパニエロ(ラ)	パドリーノ

コンパドレ(男)	コマドレ(女)	アイハード(男)	アイハーダ(女)	代母 ※
compadre **	comadre **	ahijado ***	ahijada ***	madrina
コンパドレ	コマドレ	アイハード	アイハーダ	マドリーナ

家族・友だち

人・家 トラブル その他

※ 一般的にカトリックの洗礼式で立会人をつとめる男女を指す ※※ 両親からみた子どもの代父・代母。心を許した親しい友人に対しても使う
※※※ 代父・代母が立会人をつとめた子どもを指す

67

人の性格・特徴 — características y caracteres
カラクテリスティカス イ カラクテレス

私は〜です（でない）特徴・性質を表す 原形 ser セール	(No) Soy 〜 ソイ	とても〜 muy〜 ムイ	あなたはとても親切です Ud. es muy amable. ウステ エス ムイ アマブレ
あなたは〜です（〜ではない）	Ud. (no) es 〜 ウステ ノ エス		

| マッチョ macho マチョ |  | かっこいい(美人) guapo (guapa) グアポ グアパ | |

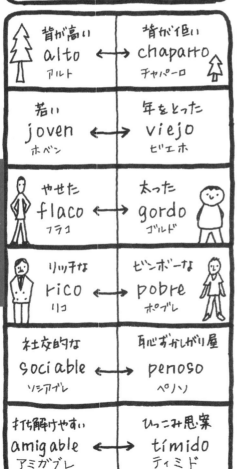

背が高い alto アルト	⇔	背が低い chaparro チャパーロ	陽気な alegre アレグレ	⇔	おこりんぼ enojón エノホン
若い joven ホベン	⇔	年をとった viejo ビエホ	おもしろい chistoso チストソ	⇔	つまらない aburrido アブリード
やせた flaco フラコ	⇔	太った gordo ゴルド	洗練された sofisticado ソフィスティカード	⇔	俗っぽい vulgar ブルガール
リッチな rico リコ	⇔	ビンボーな pobre ポブレ	りりしい valiente バリエンテ	⇔	弱虫 cobarde コバルデ
社交的な sociable ソシアブレ	⇔	恥ずかしがり屋 penoso ペノソ	かしこい inteligente インテリヘンテ	⇔	とんま menso/sonso メンソ ソンソ
打ち解けやすい amigable アミガブレ	⇔	ひっこみ思案 tímido ティミド	気まじめ serio セリオ	⇔	冗談好き burlón ブルロン

68

気前のいい generoso ヘネロソ ↔	けち codo コド	おだやかな tranquilo トランキーロ ↔	気性の荒い violento ビオレント
正直な honesto オネスト ↔	うそつきな mentiroso メンティロソ	働き者 trabajador トラバハドール ↔	怠け者 flojo フロホ
はっきりした decidido デシディード ↔	優柔不断 indeciso インデシーソ	健康な sano サノ ↔	病気がちな enfermiso エンフェルミソ
(恋愛関係に) まじめな fiel フィエル ↔	浮気な infiel インフィエル	感じのよい simpático シンパティコ ↔	感じの悪い desagradable デスアグラダブレ
楽観的な optimista オプティミスタ ↔	悲観的な pesimista ペシミスタ	上品な/心のきれいな noble ノブレ ↔	下品な grosero グロセロ
気どらない sencillo センシージョ ↔	うぬぼれ屋 vanidoso バニドソ	頭のやわらかい flexible フレクシブレ ↔	頭のかたい necio ネシオ

うわさ好き chismoso チスモソ	泣き虫 chillón チジョン	寒がり friolento フリオレント	女たらし mujeriego ムヘリエゴ
セクシーな sexy セクシー	大食い tragón トラゴン	色気づいた/おませさん coqueto コケト	お調子者 payaso パジャソ

人の性格・特徴

人・家

トラブル

その他

69

体と病気 cuerpo y estado de salud
クエルポ イ エスタド デ サルー

気分が悪い Me siento mal. メ シエント マル	風邪をひいた Tengo gripe. テンゴ グリペ	とてもだるい Me siento agotado メ シエント アゴタド
寒気がする Siento escalofrío. シエント エスカロフリーオ	吐き気がする Tengo vómito. テンゴ ボミト	食欲がない No tengo ganas de comer. ノ テンゴ ガナス デ コメール
めまいがする Me siento mareado. メ シエント マレアド	生理痛です Tengo cólico. テンゴ コリコ	お腹のあたりが痛い Me duele la panza. メ ドゥエレ ラ パンサ

せき tos トス	下痢 diarrea ディアレア	便秘 estreñimiento エストレニィミエント	熱 fiebre フィエブレ

ケガをした Me lastimé. メ ラスティメー	やけどした Me quemé. メ ケメー	切った Me corté. メ コルテー	出血している Estoy sangrando. エストイ サングランド
骨折 fractura フラクトゥラ	ねんざ torcedura トルセドゥラ	打ち身 golpe ゴルペ	腫れている Está hinchado. エスタ インチャード
ばんそうこう curita クリータ	包帯 venda ベンダ	松葉杖 muleta ムレタ	消毒する desinfectar デスインフェクタール

医者に行ってきます Voy a ir al médico. ボイ ア イール アル メディコ	だいぶ良くなりました Ya me he mejorado. ヤ メ エ メホラド
病院に連れていってください Llévame al hospital, por favor. ジェバメ アル オスピタル ポル ファボール	救急車を呼んでください Llámeme a la ambulancia. ジャメメ ア ラ アンブランシア

大至急！ ¡urgente!
ウルヘンテ！

～が痛い Me duele ～.
メ ドゥエレ

とても mucho ムチョ	少し un poco ウン ポコ	ずっと constantemente コンスタンテメンテ
ときどき de vez en cuando デ ベス エン クアンド		刺すような dolor agudo ドロール アグード

顔 cara カラ

頭 cabeza カベサ

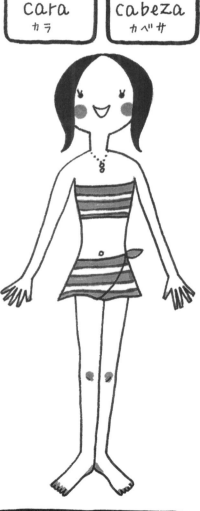

肩	hombro オンブロ
胸	pecho ペチョ
ひじ	codo コド
お腹	vientre ビエントレ
わき腹	costado コスタード
背中	espalda エスパルダ
腰	cintura シントゥラ
おしり	nalgas ナルガス
肛門	ano アノ
おへそ	ombligo オンブリーゴ
足	pie ピエ
脚	pierna ピエルナ
ひざ	rodilla ロディージャ
足首	tobillo トビージョ

目	ojo オホ
耳	oreja オレハ
鼻	nariz ナリス
首	cuello クエジョ
のど	garganta ガルガンタ
顔の皮ふ	cutis クティス
口	boca ボカ
くちびる	labios ラビオス
歯	dientes ディエンテス
舌	lengua レングア
手	mano マノ
指	dedo デド
つめ	uña ウニャ
手首	muñeca ムニェカ
うで	brazo ブラソ

皮ふ piel ピエル	筋肉 músculo ムスクロ	骨 hueso ウエソ

体と病気

トラブル その他

病院と薬局　en el hospital y la farmacia
エン エル オスピタル イ ラ ファルマシア

具合が悪い Me siento mal. メ シエント マル	ここが痛い Me duele aquí. メ ドゥエレ アキー	○○日（8時間）前から Desde hace ○○ días(horas). デスデ アセ ○○ ディアス(オラス)
〜のアレルギーがあります Soy alérgico a ○○. ソイ アレルヒコ ア	妊娠中です Estoy embarazada. エストイ エンバラサーダ	保険に入っています Estoy asegurado(a) エストイ アセグラード

どこが悪いのでしょう ¿Qué es lo qué tengo? ケ エス ロ ケ テンゴ

カゼ gripe グリペ	肺炎 pulmonía プルモニア	膀胱炎 cistitis システィティス	盲腸炎 apendicitis アペンディシティス	胃炎 gastritis ガストリティス
消化不良 mala digestión マラ ディヘスティオン	かいよう úlcera ウルセラ	〜のアレルギー alergia a〜 アレルヒア ア	妊娠 embarazo エンバラソ	食中毒 intoxicación イントクシカシオン
貧血 anemia アネミア	感染 infección インフェクシオン	高血圧 presión alta プレシオン アルタ	低血圧 presión baja プレシオン バハ	痔 hemorroides エモロイデス
糖尿病 diabetes ディアベテス	日射病 insolación インソラシオン	脱水症状 deshidratación デスイドラタシオン	はれ・炎症 inflamación インフラマシオン	エイズ SIDA シダ

血液型 tipo de sangre
ティポ デ サングレ

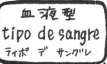

⑨ 膀胱 vejiga
ベヒーガ

⑩ 子宮 útero
ウテロ

① 気管支 bronquio ブロンキオ
② 食道 esófago エソファゴ
③ 心臓 corazón コラソン
④ 肺 pulmones プルモネス
⑤ 胃 estómago エストマゴ
⑥ 腎臓 riñones リニョネス
⑦ 肝臓 hígado イガド
⑧ 腸 intestino インテスティーノ
盲腸 apéndice アペンディセ

病院と薬局

| 注射 inyección インジェクシオン | 点滴 gota ゴタ | 入院する hospitalizarse オスピタリサールセ | 手術する operarse オペラールセ |

検査をしましょう Vamos a hacer exámenes
バモス ア アセール エクサメネス

| 血 sangre サングレ | 尿* orina オリーナ | 便* excrementos エスクレメントス |

だいじょうぶでしょう
No es nada grave.
ノ エス ナダ グラベ

すぐ良くなるでしょうか？
¿Me compondré pronto?
メ コンポンドレ プロント

病院 hospital オスピタル

薬局 farmacia ファルマシア

薬 medicamento メディカメント

錠剤 tableta / pastilla タブレタ パスティージャ

服用量 dosis ドシス

旅行を続けられますか？
¿Puedo seguir mi viaje?
プエド セギール ミ ビアヘ

〜をください Déme〜 デメ

領収書	recibo レシーボ
処方せん	receta レセタ
診断書	Certificado médico セルティフィカード メディコ

この処方せんの薬をください
Con esta receta, por favor.
コン エスタ レセタ ポル ファボール

〜の薬をください
Déme medicina para〜
デメ メディシナ パラ

| 解熱剤 alivio de fiebre アリビオ デ フィエブレ | 痛みどめ alivio de dolor アリビオ デ ドロール | 胃痛 dolor de estómago ドロール デ エストマゴ | カゼ gripe グリペ |

| アスピリン aspirina アスピリーナ | 抗生物質 antibiótico アンティビオティコ | 1日〇回 〇 veces al día ベセス アル ディア | 毎食後(前) después (antes) de comer デスプエス(アンテス)デコメール |

＊ 口語では尿をピピー (pipí)、便をポポー (popó) と呼ぶ

トラブル problemas
プロブレマス

水(お湯)が出ない	No sale el agua (agua caliente).
電気がつかない	No se enciende la luz.
トイレの水が流れない	No corre el agua en el baño.
毛布をもう1枚ください	Déme otra cobija, por favor.
部屋を変えてください	¿Me podría cambiar de habitación?
ドア(窓)が閉まらない(開かない)	No se cierra (abre) la puerta (ventana).
カギを部屋に忘れた	Se me quedó la llave en la habitación.
すごくうるさい	Hay mucho ruido.
すごく汚い	Está muy sucio.

〜が使えません No funciona

- 電話 teléfono
- エアコン aire acondicionado
- テレビ televisor

〜がない No hay〜

- タオル toalla
- トイレットペーパー papel de baño
- 石けん jabón

ここに電話してもらえますか？ ¿Podría llamar a este número?

助けて！
¡Ayúdeme!
アジュデメ

ドロボー！
¡Ladrón!
ラドロン

あの人をつかまえて！
¡Deténgalo!
デテンガロ

交通事故	なぐられた	おそわれた
accidente de tráfico	Me han golpeado.	Me han asaltado.
アクシデンテ デ トラフィコ	メ アン ゴルペアード	メ アン アサルタド

～がなくなってしまった
Se me perdió mi～
セ メ ペルディオ ミ

～を盗まれました
Me quitaron mi～
メ キタロン ミ

お金	パスポート	クレジットカード
dinero	pasaporte	tarjeta de crédito
ディネロ	パサポルテ	タルヘタ デ クレディト
航空券	カバン	カメラ
boleto de avión	bolsa	cámara
ボレト デ アビオン	ボルサ	カマラ

警察	盗難証明	身分証明書
policía	certificado de robo	identificación
ポリシア	セルティフィカード デ ロボ	イデンティフィカシオン
日本大使館	日本領事館	航空会社
Embajada de Japón	Consulado de Japón	compañía aérea
エンバハーダ デ ハポン	コンスラード デ ハポン	コンパニーア アエレア

トラブル

心配いりません	安心してください
No se preocupe.	Quédese tranquilo.
ノ セ プレオクーペ	ケ デセ トランキーロ

怖かった！	私はもう大丈夫です
¡Qué horror!	Ya estoy bien.
ケ オロール	ジャ エストイ ビエン

トラブル その他

クジラ ballena バジェーナ	イルカ delfín デルフィン	カメ tortuga トルトゥーガ	ペリカン pelícano ペリーカノ	サカナ pez ペス
ワニ cocodrilo ココドリーロ	トカゲ lagartija ラガルティーハ	イグアナ iguana イグアナ	ヘビ serpiente セルピエンテ	カエル rana ラナ

虫 insecto インセクト

カタツムリ caracol カラコル	ハチ abeja アベハ	ハエ mosca モスカ	蚊 mosquito モスキート	チョウ mariposa マリポサ
サソリ escorpión エスコルピオン	ゴキブリ cucaracha ククラチャ	イモムシ gusano グサーノ	バッタ chapulín チャプリン	アリ hormiga オルミーガ

花と木 flor y árbol フロール イ アルボル

バラ rosa ロサ	ブーゲンビリア buganvilia ブガンビリア	ジャカランダ jacaranda ハカランダ	タマリンド tamarindo タマリンド	ヤシ coco ココ

自然 naturaleza ナトゥラレサ

太陽 sol ソル	月 luna ルナ	地面 tierra ティエラ	空 cielo シエロ	湖 lago ラゴ
川 río リオ	森 bosque ボスケ	熱帯林 selva セルバ	山 montaña モンターニャ	火山 volcán ボルカン
洪水 inundación イヌンダシオン	干ばつ sequía セキーア	地震 terremoto テレモト	ハリケーン huracán ウラカン	大気汚染 contaminación コンタミナシオン

生き物・自然 その他

動詞・疑問詞 verbos e interrogativos
ベルボス エ インテロガティーボス

何 ¿qué? ケ	いつ ¿cuándo? クアンド	いくつ ¿cuántos? クアントス	どうやって ¿cómo? コモ	どれ ¿cuál? クアル
なぜ ¿por qué? ポル ケ	なぜなら porque… ポルケ	何のため ¿para qué? パラ ケ	〜のため para que… パラ ケ	どこ ¿dónde? ドンデ

誰
¿quién?
キエン

"〜"に動詞の原形を入れるだけで使える言葉

〜できる puedo〜 プエド	⇔	〜できない no puedo〜 ノ プエド	〜したい quiero〜 キエロ	⇔	〜したくない no quiero〜 ノ キエロ
〜してもいい? ¿puedo〜? プエド	〜するつもり voy a〜 ボイ ア	⇔ 〜しないつもり no voy a〜 ノ ボイ ア	〜するのが好き me gusta〜 メ グスタ	⇔ 〜するのは嫌い no me gusta〜 ノ メ グスタ

〜しましょう vamos a〜 バモス ア	〜しようと思う pienso〜 ピエンソ	〜するのをやめる dejo de〜 デホ デ	〜するのが大好き me encanta〜 メ エンカンタ
〜しなければ(自分) tengo que〜 テンゴ ケ	〜しなければ(一般) hay que〜 アイ ケ	〜したばかり acabo de〜 アカボ デ	〜する必要がある necesito〜 ネセシト

例) 食べましょう ¡Vamos a comer!
バモス ア コメール

"〜"に名詞を入れるだけでそのまま使える言葉(頭にNO(ノ)をつければ否定形に)

〜がある hay〜 アイ	〜が欲しい quiero〜 キエロ	〜をのむ/〜に乗る tomo〜 トモ	〜を持っている tengo〜 テンゴ	〜が足りない falta〜 ファルタ

例) 犬を持って(飼って)ます Tengo perro. テンゴ ペロ

行く **ir** イール ←→ 来る **venir** ベニール	入る **entrar** エントラール ←→ 出る **salir** サリール	開ける **abrir** アブリール ←→ 閉める **cerrar** セラール
乗る/登る **subir** スビール ←→ 降りる/下りる **bajar** バハール	押す **empujar** エンプハール ←→ 引く ※ **jalar** ハラール	尋ねる **preguntar** プレグンタール ←→ 答える **contestar** コンテスタール
思い出す **acordar** アコルダール ←→ 忘れる **olvidar** オルビダール	送る **mandar** マンダール ←→ 受け取る **recibir** レシビール	始める/始まる **empezar** エンペサール ←→ 終える/終わる **terminar** テルミナール
売る **vender** ベンデール ←→ 買う **comprar** コンプラール	なくす **perder** ペルデール ←→ 見つける **encontrar** エンコントラール	会う **ver (se)** ベール (セ) ←→ 別れる **despedir(se)** デスペディール(セ)
立つ(起きる) **levantarse** レバンタールセ ←→ 座る **sentarse** センタールセ	話す **platicar** プラティカール ←→ 聞く **escuchar** エスクチャール	捨てる **tirar** ティラール ←→ とっておく **guardar** グアルダール

歩く **caminar** カミナール	走る **correr** コレール	住む・生きる **vivir** ビビール	到着する **llegar** ジェガール	戻る **regresar** レグレサール
食べる **comer** コメール	着る **ponerse** ポネールセ	飲む **beber/tomar** ベベール トマール	見る **ver** ベール	聞こえる **oír** オイール
書く **escribir** エスクリビール	使う **usar** ウサール	眠る **dormir** ドルミール	起こす **despertar** デスペルタール	呼ぶ・電話する **llamar** ジャマール
働く **trabajar** トラバハール	あげる **dar** ダール	作る/する **hacer** アセール	プレゼントする **regalar** レガラール	約束する **prometer** プロメテール

動詞・疑問詞 その他

※ レストランやお店のドアにはJALE (ハレ)=引く、EMPUJE (エンプヘ)=押すと書いてある

形容詞・副詞・熟語 adjetivos, adverbios y modismos
アドヘティーボス　アドベルビオス　イ　モディスモス

〜ですよね？
¿〜, no?

私は〜です
Estoy〜 *
エストイ

一時的状態・所在・継続を表す
原形 estar エスタール

男 ぼくはおなかがいっぱいです **
Estoy satisfecho.
エストイ　　サティスフェチョ

女 私はおなかがいっぱいです **
Estoy satisfecha.
エストイ　　サティスフェチャ

〜すぎる
demasiado〜
デマシアド

幸せ・満足している		悲しい
contento	←→	triste
コンテント		トリステ

ヒマだ		忙しい
libre	←→	ocupado
リブレ		オクパド

とても〜
muy 〜
ムイ

元気だ		病気だ
bien	←→	enfermo
ビエン		エンフェルモ

ゴキゲンだ		ムカついている
de buen humor	←→	de mal humor
デ ブエン ウモール		デ マル ウモール

かなり〜
bastante〜
バスタンテ

モーレツに〜
super〜
スーペル

△は〜です ***
△ está 〜.
エスタ

一時的状態・所在・継続を表す
原形 estar エスタール

スープが冷たいです **
La sopa está fría.
ラ　リパ　エスタ　フリーア

近いですか？
¿Está cerca?
エスタ　セルカ

少し〜
un poco〜
ウン ポコ

冷たい		熱い
frío	←→	caliente
フリーオ		カリエンテ

遠い		近い
lejos	←→	cerca
レホス		セルカ

〜でない
no 〜

やわらかい		かたい
blando	←→	duro
ブランド		ドゥロ

きれい		きたない
limpio	←→	sucio
リンピオ		スシオ

決して(一度も)〜ない
nunca〜
ヌンカ

メキシコ弁

いかすー！
¡Qué padre!
ケ　パドレ

まあ、しょうがないさ
Ni modo
ニ　モド

80　※ 特徴・性質を表す"ser"についてはP.68「人の性格・特徴」を参照　※※ "o"で終わる形容詞は、それが修飾する語が女性名詞の場合、o→aに変化する　※※※ △に入る主語によって、estás、estánなどに変化する

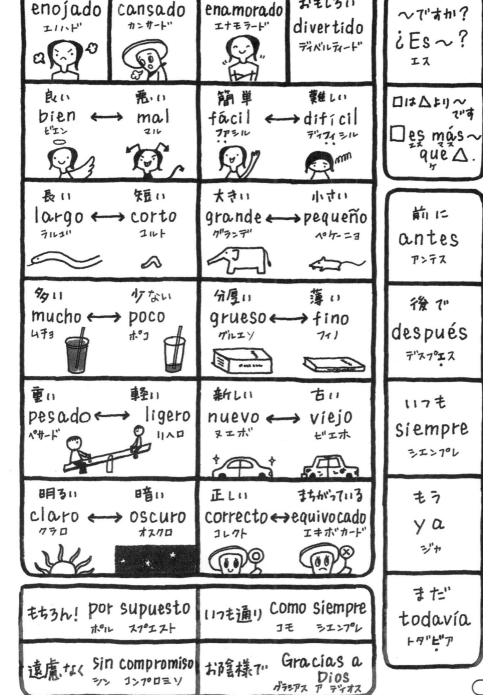

住所を尋ねる preguntar la dirección
プレグンタール ラ ディレクシオン

あなたの〇〇を教えてください	¿Podría darme su ~?
	ポドリア ダールメ ス

私の〇〇を教えますね	Le doy mi ~.
	レ ドイ ミ

名前	住所	電話番号	Eメールアドレス
nombre	dirección	número de teléfono	dirección de e-mail
ノンブレ	ディレクシオン	ヌメロ デ テレフォノ	ディレクシオン デ イーメイル

あなたの〜を教えてくれますか？	¿Me pasa su ~?
	メ パサ ス ~?

WhatsAppの アカウント番号（電話番号）	Instagramのアカウント
número de WhatsApp	cuenta de Instagram
ヌメロ デ ワッツアップ	クエンタ デ インスタグラム

連絡をとりあいましょうね！
¡Estarémos en contacto!
エスタレモス エン コンタクト

ここに書いてください
Apúntemelo aquí
アプンテメロ アキー

ありがとう
Gracias
グラシアス

側注: 移動 / 地図 / あいさつ / 数字 / 買物 / 時間 / 食事 / 文化 / 人・家 / トラブル / その他

preguntar la dirección

82

メキシコで楽しく会話するために

"第2部"では、超初心者向けに
コミュニケーションのコツや文法のコツを解説しています。
話す力も、話す内容の幅も確実にワンランクアップできます。

●メキシコはまさにアミーゴ（＝友だち）の国！

　メキシコで暮らした5年の間に、いつのまにかメキシコ人的な言動が身についていたようで、帰国してからしばらくはアヤシイ人間でした。どうアヤシイかって？　見ず知らずの人に馴れ馴れしく話しかけるクセが抜けなくて……。たとえば、改札口で駅員さんに笑顔で挨拶。スーパーのレジでは店員さん相手に天気の話。単なる通りすがりの人々や電車で居合せただけの人びとにも、視線が合うとためらわずに微笑みかけていました。メキシコでは自然な行為なのですが、大都会・東京だと怪訝な顔をされてもしかたないですよね。現代ニッポンでも田舎や下町なら、違和感なく受けとめてもらえたでしょうか。

　メキシコの人びとはとても気さくで親日派が多く、シャイな人でも簡単にコミュニケーションのきっかけがつかめます。こちらの興味を引きたくて、熱〜い（？）視線を投げかけてくれるので、まずは笑顔で応じてみましょう。元気よく挨拶するだけで、出会いの輪はグンと広がりますよ。

　日本の5倍もの国土を誇るメキシコ。遺跡、リゾート、民芸品、グルメ……と、その魅力は実に盛りだくさん。でも、一番の魅力は何かと聞かれたら「そこに住む人びと」と答えることにしています。アミーゴの国メキシコは出会いの宝庫！　外部の人間をサラリと受け入れる寛容さに満ちた国だと思います。みなさんも現地の人たちと積極的に交流してみてください。そうすれば旅は数倍も楽しくなり、いつしかメキシコにどっぷりハマっている自分に気がつくことでしょう。もちろん親切な人ばかりではありません。下心で近づく人や盗みをはたらく人もいます。でもそれはどの国でも同じこと。楽しい旅を続けるには、適度な緊張感は欠かせないものですよね。

● マッチョな男性陣のピロポ攻撃にタジタジ!?

　「ピロポ」ってご存知ですか？　スペイン語圏に広く浸透している習慣で、道行く女性に男性が声をかけるというもの。「オラ、グアパ」（よう、べっぴんさん）とか「ア〜イ、ママシータ」（マブイね、姉ちゃん）など呼びかけは実にさまざま。ピューっと口笛だけ吹くこともあります。いずれにせよ挨拶程度のノリなので、過敏に反応する必要はありません。心トキメクような色男だったら、微笑み返してあげてもいいでしょう（笑）。

　ラテン系に属するだけあって、メキシコ人男性もロマンチストで情熱的。日本ではナンパと縁遠い私ですが、メキシコでは思わず勘違いしたくなるほど声をかけられました。日本女性が醸し出す（というか彼らが思い込んでいる）"東洋の神秘"に吸い寄せられるかのごとく、エレベーターに偶然乗り合わせた中年男性が家までついてきたり、道端で靴磨きをしてもらっていた若いお兄さんから「僕たちの出会いは運命だ！」と求愛（？）されたり…。そういえば、電話で愛の歌を聴かされたこともありました。こちらは仕事中だというのに相手はおかまいなし。ギターをポロンポロンと鳴らしながらひたむきに歌い続けるので、受話器を握りながら"手に汗"ならぬ"冷や汗"をかいたものです。女性として悪い気はしませんが、「釣った魚にはエサをやらない」というマッチョな殿方も健在らしいので、女性のみなサマ、甘い言葉にはくれぐれも用心してくださいね。

● 夜どおし繰り広げられるパーティ

　メキシコの人たちは、仲よくなるとたいてい自宅やパーティに招待してくれます。お母さんが自慢の手料理でもてなしてくれ、兄弟姉妹や親戚の人たちを次々と紹介されるケースも少なくありません。

　人口の約90％がカトリックというお国柄もあってか、クリスマスのパーティはとくに盛大。家族から離れて異国の地に暮らすハポネシータ（日本人女性）を気づかってくれ、毎年クリスマスの時期になるとアミーゴたちが自宅に誘ってくれました。長い間居候をしていたこともあり、いつも特定の家族と過ごしていたのですが、この一族のクリスマスにかける情熱には並々ならぬものがありました。1カ月以上も前から親戚全員で綿密なミーティング。各家庭でそれぞれ準備する料理について確認したり、劇や創作ダンスの練習をしたりと気合い十分。飾りつけにも余念がありません。誰かの誕生日や結婚式、プリメラ・コムニオン（子供の初聖体を祝うカトリックの行事）や女の子の15歳を祝うキンセ・アニョスなど、ことあるごとに宴が開かれ、ご近所さんや友人・会社の同僚たちを招いては大いに盛り上がっておりました。スピーカーから大音量で流れるリズム。飛び入りで参加する人たち。食べては踊り、飲んでは笑い……。メキシコでは夜が長いのなんのって！

　ところで、パーティにはアルコールがつきもの。ビールやラム酒のコーラ割り（クーバ・リブレ）がよく飲まれますが、定番といえばテキーラでしょう。「サルー！」（乾杯！）という威勢のよいかけ声に合わせて繰り返しグラスが掲げられ、着々とボトルが空になっていきます。即席のバー・カウンターや自称"カクテル職人"が登場することも。たまに「日本の歌を歌ってくれ」とリクエストされました。唯一のニッポン代表としては断われず、テキーラをグビっと流し込んでから舞台に臨んだものです。ほろ酔いのせいもありますが、たいてい歌詞はうろ覚え。「日本語だからわかるまい」と適当に作ったりなんかして……。

　宴にはディスコ・タイムも欠かせません。みんな感心するほど踊りが上手く、ひたむきに何時間も踊り続ける姿には感動すら覚えます。たまに踊れない人がいて、哀愁漂う背中にセツナさを感じたり。女性陣は相手のリードにまかせればそれなりに楽しめますが、男性はそうもいきません。踊れることは"モテる男の必須条件"といっても過言ではない国ですから。

● メキシコの多様性と多面性とパワー

　メキシコには道端にしゃがみこんで1ペソをねだる人がいれば、プール付の豪邸に住み、生まれてこのかたバスや地下鉄に乗ったことがない……というお金持ちもいます。国民の大半が中産階級といわれる日本で育った私たちは、あまりの格差にとまどうこともしばしば。陽気なアミーゴの住むメキシコは、貧困やストリート・チルドレン、麻薬犯罪など深刻な問題を抱える国でもあるのです。厳しい現実を笑いに変えながら生きる人びと。彼らの強さや優しさに接し、私はたくさんの学びと元気をもらいました。

メキシコ（スペイン）語文法の基礎

　旅行中のある程度の会話はすべてこれで事足りるようにこの本を作りましたが、実際にメキシコ人と友だちになったら、もっともっとスペイン語でたくさんのことを話してみたくなることでしょう。そのためにはやっぱりスペイン語を学ばなくてはなりませんが、動詞の活用やら男性名詞・女性名詞やら、なんだか難しそう……と思われるかもしれません。でも、本格的に勉強しなくても、とりあえずスペイン語の基礎の基礎だけでも知っておけば、単語集を駆使してきっと会話は成り立ちます。要は、伝えたい！という気持ちです。ここでは、「スペイン語はこんな言葉なんだ」ということをご紹介する感じで、簡単に文法の説明をしていきます。

★発音とアクセント
＜発音＞
　スペイン語の発音は日本人にとってはとても簡単です。アメリカ人などがものすごく苦労して発音しているのを見ると、「日本人でよかった！」と本気で喜んでしまいます。なぜ簡単かというと、ほとんどローマ字読みと同じだからです。スペイン語には日本語と同じく a, e, i, o, u の母音があり、順に「ア・エ・イ・オ・ウ」と発音します。これ以外の読みかたをすることはありません。しいて言えば、「ウ」の音だけが日本語の「う」よりはっきり強く発音されますが、それも大げさに気にするほどのことでもありません。
　子音については次の点だけが違っているので、ちょっと頭に入れておくと完璧に発音できるでしょう。

❶ c「セ」：ca, co, cu は「カ」「コ」「ク」、ce, ci は「セ」「シ」と発音します。
　　　　例：cámara「カマラ（カメラ）」　cena「セナ（夕食）」
❷ q「ク」：que, qui と書いて「ケ」「キ」と発音します。
　　　　例：equipaje「エキパへ（荷物）」
❸ ch「チェ」：cha, che, chi, cho, chu と書いて「チャ」「チェ」「チ」「チョ」「チュ」と発音します。ちなみに ch は以前はひとつの文字とされていて、古い辞書だと c の後に ch があり、そのあとに d が続く、というふうになっています。
　　　　例：chamarra「チャマラ（上着）」　chile「チレ（とうがらし）」
❹ g「へ」：ga, gue, gui, go, gu で「ガ」「ゲ（グエではない）」「ギ（グイではない）」「ゴ」「グ」と発音します。güe, güi は「グエ」「グイ」、ge, gi は「へ」「ヒ」と発音します。（j の「へ」「ヒ」と同じ発音。）
　　　　例：guisado「ギサード（火を通した料理）」　güero「グエロ（白人）」
　　　　　　gente「ヘンテ（人びと）」
❺ j「ホタ」：ja, je, ji, jo, ju で「ハ」「へ」「ヒ」「ホ」「フ」です。この「ハ」行の音はのどの奥をこするようにして出す音ですが、日本語の「ハ」行と同じように発音しても十分通じます。
　　　　例：Japón「ハポン（日本）」
❻ h（アチェ）は発音しません。その後の母音だけを発音します。
　　　　例：ahorita「アオリータ（今）」　¡hola!「オラ！（やぁ！）」
❼ ll「エジェ」：lla, lle, lli, llo, llu で「ジャ」「ジェ」「ジ」「ジョ」「ジュ」です。これも ch と同じく前はひとつの文字とされていたので、古い辞書だと l と m の間に入っていることがあり

86

ます。
例：llave「ジャベ（鍵）」

❽ ñ「エニェ」：ña, ñe, ñi, ño で「ニャ」「ニェ」「ニィ」「ニョ」です。
例：español「エスパニョール（スペイン語・スペイン人・スペインの）」
compañía「コンパニーア（会社）」

❾ rr「エルレ」：巻き舌で発音してください。r も単語の頭に来るときなどは巻き舌です。でも、メキシコ人でも巻き舌ができない人は結構います。巻き舌にしているつもりで強く発音すれば十分です。
例：robar「ロバール（盗む）」　perro「ペルロ（犬）」

❿ x「エキス」：「クス」または「ス」の音になります。México（「メヒコ」）など一部「ヒ」の音になる場合もあります。
例：taxi「タクシ」　Taxco「タスコ」　Xochimilco「ソチミルコ」

⓫ y「イ」：ya, yo は「ジャ」「ジョ」でも「ィヤ」「ィヨ」でも OK ですが、本書では「ジャ」「ジョ」で統一して書いています。単体（英語の and と同じ意味）では「イ」と発音します。
例：Nueva York「ヌエバジョーク（ニューヨーク）」

⓬ z「セタ」：za, ze, zi, zo, zu と書いて「サ」「セ」「シ」「ソ」「ス」と発音します。
例：cerveza「セルベサ（ビール）」

　最後にメキシコ独特の名称などに多い音を2つ紹介しておきます。tl と hua です。メキシコではいまでも、たくさんの名詞に先住民の言葉の影響が残っていますし、スペイン語以外の言葉で日常生活を送っている人びとも大勢います。たとえばナワトル語。これをアルファベットで書くと Náhuatl となりますが、このなかに出てくる tl と hua がそれです。hua は「ゥワ」ですが、「グワ」に近い音で発音されることがよくあります。tl の正確な発音はカタカナで書けませんし、日本人にとってはかなり難しいです。ただし地名などの固有名詞に多いのが特徴なので、完璧に発音しなくても通じるでしょう。
例：cacahuate「カカゥワテ（ピーナツ）」
Popocatépetl「ポポカテペトル（火山の名前）」

＜アクセント＞
　スペイン語はアクセントの位置が決まっていて、それ以外のところにアクセントがある場合はアクセント記号を書きます。アクセントのルールは以下のとおりです。

単語の種類	アクセントの位置	例
最後が母音、または2音節以上で s,n で終わる場合	最後から二番目の音節	amigo「アミーゴ（友だち）」 joven「ホベン（若者）」
最後が s,n 以外の子音で終わる場合	最後の音節	hotel「オテル（ホテル）」 catedral「カテドラル（大聖堂）」
アクセントの来るべき音節に母音が二つ続く場合	強母音 a,e,o にアクセント	abuela「アブエラ（祖母）」 vuelo「ブエロ（飛行機の便）」

以下はこのルール以外の位置にアクセントが来る語の例です。（アクセント記号がつきます。）
japonés「ハポネス（日本人）」　café「カフェ（コーヒー）」　día「ディア（日）」

ちなみに本書でのカタカナ読みでは、特徴的なアクセントのあるものについてはアクセント位置に印をつけて、発音のガイドになるようにしました。

★名詞の性

スペイン語の名詞はすべて性が決まっており、それによって形容詞を変化させたり、定冠詞・不定冠詞を変化させたりします。動物や人間など本当に性別のあるものは実際のとおりの性です。スプーン、フォークなどにも性がありますが、これは頭で考えても絶対わかりません。覚えるしかないのです。ただし、a で終わる名詞はほとんどが女性名詞、o で終わる名詞はほとんどが男性名詞です。"ほとんど"というからには例外があります。よく使う言葉での例は以下のとおりです。

例：mano「マノ（手）」＝女性名詞　mapa「マパ（地図）」＝男性名詞

また、ひとつの単語でも、単語の終わりを o にすれば男性名詞に、a にすれば女性名詞にできるものもあります。

例：médico「メディコ（男性医師）」　médica「メディカ（女性医師）」

例外があるにせよ、単語が o や a で終わっていればまだましですが、これ以外の終わりかたをする単語もたくさんあります。これはもう慣れて覚えるしかありません。

例：camión（バス、トラック）＝男性名詞　gente（人々）＝女性名詞

さらに、まったく同じ単語で両方の性に使うことができ、冠詞や形容詞で男性・女性を区別するものがあります。

例：un estudiante「ウン　エストゥディアンテ（男子学生）」
　　una estudiante「ウナ　エストゥディアンテ（女子学生）」

巻末の単語集（第3部）に収録した名詞にはすべて性が明記してあります。使うときの参考にしてください。でも性を間違えても通じないようなことはまずないので、安心してください。

★定冠詞・不定冠詞

英語の the や a(an) と同じです。スペイン語の場合はそれぞれ男性形・女性形、単数・複数があり、名詞の性や単複によって使い分けます。

	男性・単数	男性・複数	女性・単数	女性・複数
定冠詞	el boleto（その切符）	los boletos	la maleta（そのスーツケース）	las maletas
不定冠詞	un boleto	unos boletos	una maleta	unas maletas

★人称代名詞

スペイン語の人称代名詞は次の表のとおりです。

私	君	あなた・彼・彼女	僕たち・私たち	あなたたち・彼ら・彼女ら
yo	tú	usted / él / ella	nosotros / nosotras	ustedes / ellos / ellas

特徴的なのは二人称に相当するものが2種類あることです。相手との距離感（年齢や上下関係、親密度）によって tú と usted を使い分けます。本書では基本的に初対面の相手に話すということを前提としているので、よりていねいな usted をメインに使ってあります。usted は三人称と同じ扱いで、動詞の活用も三人称で行います。メキシコで感心したのは、いくら身内でも

おじいさん・おばあさんに対しては usted を使っている子どもが多かったことです。お年寄り
は尊敬しましょう！

なお、スペインのスペイン語にある二人称複数形 vosotros（tú の複数形）は、メキシコでは
使用されません。

★所有代名詞

これ誰の？というときに使うものです。旅の最中でも使う機会は多いと思うので、紹介して
おきます。後ろにつける名詞が単数形か複数形かによって単複が変化するので注意してくださ
い。「私たちの」は男性形・女性形もあります。

	私の	君の	あなた(たち)の・彼(ら)の・彼女(ら)の	私たちの
単数	mi	tu	su	nuestro(-a)
複数	mis	tus	sus	nuestros(-as)

　　例：mi ropa（私の服）　mis zapatos（私の靴）　nuestro viaje（私たちの旅行）
　　　　nuestras fotos（私たちの複数の写真）

★形容詞

形容詞は、基本的に名詞の後ろにつけます。（強調したいときや、形容詞によっては、前
につくこともあります。）-o で終わる形容詞は名詞の性に合わせて変化させます。修飾する
名詞が男性名詞の場合は -o、女性名詞のときは -a にします。さらに、複数の場合は -os, -as
となります。例で見てみてください。

　　例：equipaje pesado（重い荷物）　comida rica（おいしい料理）
　　　　regalos caros（高い複数のプレゼント）　casas bonitas（きれいな複数の家）

★動詞

スペイン語では、英語でいう be 動詞にあたるものが 2 種類あります。本書の「ひとの性格・特徴（63
ページ）」と「形容詞・副詞・熟語（80 ページ）」の部分で簡単に説明している、ser と estar です。出身・
性質などの変化しにくいものや、時間を表すときなどには ser を、一時的な状態や所在、継続を表す
ときには estar を使います。ここで書いた ser、estar は「原形」と呼ばれるもので、そのままで使うこ
とはあまりなく、主語や時制によって「活用」させなければなりません。まずは、この 2 つの動詞が
どういうふうに活用するのかを見てみましょう。

主語	yo	tú	usted / él / ella	nosotros	ustedes / ellos / ellas
ser	soy	eres	es	somos	son
estar	estoy	estás	está	estamos	están

こんなの覚えるのは無理！と言わないでくださいね。これはまだ序の口。これは「直説法
現在」という活用法で、ほかにも線過去形・点過去形・未来形・過去未来形、そしてなかな
か使いかたをマスターできない接続法にもそれぞれ過去だの現在だの、ひとつの動詞にとん
でもない数の活用があるのです。……と最初から思い切り脅かしていますが、実際は旅行だっ
たらほとんど現在形で事足りるでしょう。どうしてもわからなければ単語集のなかから拾っ
て原形で言ったって、主語をはっきり言えば通じます。逆にいえば、動詞を活用させればそ

89

こから主語が類推できるので、スペイン語では主語を言わないことが多いのです。

comer（食べる）とか ir（行く）といったよく使う動詞の活用だけ、いくつかご紹介しておきます。おいしいメキシコ料理をいっぱい食べ過ぎて眠れないとき、日本の生活に戻りたくなくて今回のメキシコ旅行に終わりがあることを忘れてしまいたいときなどにでも、古文の動詞の活用を暗記したときみたいにぶつぶつ繰り返して覚えてみてください。

主語	yo	tú	usted / él / ella	nosotros	ustedes/ellos/ellas
ir（行く）	voy	vas	va	vamos	van
tener（持つ）	tengo	tienes	tiene	tenemos	tienen
querer（ほしい）	quiero	quieres	quiere	queremos	quieren
comer（食べる）	como	comes	come	comemos	comen
conocer（知っている）	conozco	conoces	conoce	conocemos	conocen

ir という動詞は便利に使えます。「行く」という意味で使う以外に、「ir+a+動詞の原形」で、「〜するつもり」という未来の予定を話すことができるからです。

　　　例：Voy a ir a las pirámides.　私はピラミッドに行くつもりです。
　　　　　Voy a tomar el pesero.　私はペセロに乗るつもりです。

また、tener も「持つ」以外に「tener+que+動詞の原形」で「〜しなければならない」という意味で使うことができます。

　　　例：Tengo que hablar por teléfono.　私は電話をかけなくちゃ。
　　　　　Tienes que comer.　君は食べなくちゃだめだよ。

querer は「querer +動詞の原形」で「〜したい」という意味で使うことができます。

　　　例：Quiero dormir.　私は眠りたい。
　　　　　Quiero tomar una cerveza.　私はビールが飲みたい。

とくに国や場所について言う場合、「行ったことがある」を「（実体験として）知っている」という意味でconocerを使うことができます。これを使えば現在完了形を使う必要がありません。

　　　例：¿Ustedes（省略可）conocen Japón?　あなたたちは日本に行ったことがありますか？

★語順

語順は、比較的自由です。主語は、文脈や状況で判断できるかぎり省かれることが多いですが、動詞のあとに来ることもできます。否定形は no を動詞の前に置きます。

　　　例：Yo(省略可) no puedo hablar el español.　私はスペイン語が話せません。

スペイン語がどんな言葉か、なんとなくはわかっていただけたでしょうか？　動詞の活用とか、名詞の性とか、いろいろと複雑な感じがするかもしれませんが、スペイン語のいいところは、「発音してみればだいたい通じてしまう」ということです。ぜひ、口に出して話してみてください。

第一言語としてスペイン語が話されている国はたくさんありますが、国によって言葉の使われかたや動詞の活用が違ったりして、とても奥の深い言葉です。しかもコミュニケーション好きなラテン気質の国ばかりなので、きっとその国独自のスペイン語を話してみたくなるはずです。本書では、メキシコで使われている独特の表現をできるかぎり多く取り入れました。これで指さしながら話せば、メキシコ人は大喜びしてもっと話してくれるでしょう。コミュニケーションをめいっぱい楽しんで、すてきな旅行にしてくださいね！

日本語→メキシコ（スペイン）語
単語集

"第3部"では約2500の単語を収録しています。旅行者にとって必要度の高い言葉、深い内容を話す言葉を厳選しています。

> ・アクセント位置については86ページを参照してください。
> ・男性名詞・女性名詞にはそれぞれ、便宜上 el と la の定冠詞がふってあります。男女を見分ける目安にしてください。ただし、el agua（水）、el alma（魂）のように、女性名詞でありながら男性定冠詞をふるものについては、実際に使うときにそのまま使えるよう、正しい定冠詞をふっています。

あ 行

愛	el amor
相変わらず	como siempre
愛国心	el patriotismo
愛妻家	esposo amante
あいさつ	el saludo
愛称	diminutivo / apodo
愛人	el / la amante
アイスコーヒー	el café helado
愛する	amar
アイデア	la idea
空いている	está vacío(cía)
相棒	el compadre
アイロン	la plancha
青い	azul
赤い	rojo(ja)
あかちゃん	el / la nene(na), el bebé
明るい	claro(ra)
明るい（性格）	alegre
赤ワイン	el vino tinto
秋	el otoño
あきらめる	abandonar
飽きる	aburrirse
アクセサリー	el accesorio
開ける	abrir
揚げる	freir
上げる（上に）	subir
あげる（人に）	dar
あこがれる	anhelar
朝	la mañana
あさって	pasado mañana
脚	la pierna
足	el pie
味	el sabor
アジア	Asia
明日	mañana
味見する	probar
あずける	dejar, encargar
汗	el sudor
あそこ	ahí
遊びに行く	pasear
遊ぶ	jugar
温かい	templado(da) / cálido(da)
頭	la cabeza
頭がいい	inteligente
新しい	nuevo(va)
あたり前	lógico(ca)
厚い	grueso(sa)
暑い	caluroso(sa)
アットマーク	el arroba
集まる	reunirse
集める	coleccionar, juntar
当てる（推測）	adivinar
当てる（命中）	acertar, atinar
あとで	despúes
穴	el hueco, el hoyo
あなた	usted
あなたたち	ustedes
あなたの	su
兄	el hermano mayor
姉	la hermana mayor
あの	aquel(lla)
あの頃	en aquellos tiempos
あの人	aquella persona
アパート	el departamento
アヒル	el pato
あぶない	peligroso(sa)
油	el aceite
アフリカ	Africa
甘い	dulce
雨	la lluvia
雨が降る	llover
アメ玉	la dulce
アメリカ	América
アメリカ合衆国	Estados Unidos de América
あやしい	extraño(ña), sospechoso(sa)
謝る	disculparse
洗う	lavar
ありがとう	gracias
ある	haber
あるいは	o
歩く	caminar, andar
アルバイト	trabajo temporal
あれ	aquel(lla)
アレルギー	la alergia
暗証番号	número de identificación, código
安心する	tranquilizarse
安全	seguridad
案内する	guiar
胃	el estómago
いい	bueno(na)
いいえ	no
いいかげんな	irresponsable
委員会	el comité
いい香り	la fragancia
言う	decir
家	la casa
イカ	el calamar
～以外	excepto ～
～行き	para ～ , destino a ～
イギリス	Inglaterra
生きる	vivir
行く	ir
いくつ ?	¿cuántos(as)?
いくら ?	¿cuánto es?
池	el charco
意見	la opinión
石	la piedra
維持する	mantener
医者	el / la médico(ca)
異常な	anormal
イスラム教	islam
イスラム教徒	el / la musulmán(na)
移籍	cambio de registro
遺跡	las ruinas
急いで	dé prisa
忙しい	ocupado(da)
痛い	tener dolor de ～
偉大な	grande (gran)
いたずら	la travesura
痛み	el dolor
炒める	freír
1	uno / una / un
1 月	enero
1 日	el día primero
1 日おき	cada dos días
1 年	un año
1 回	una vez
1 階	la planta baja
1 カ月	un mes
1 週間	una semana
イチゴ	la fresa
いちばん	el primer lugar
一番目の	primero
胃腸薬	el medicamento gastrointestinal
いつ ?	¿cuándo?
一生	toda la vida
一生懸命	con mucho estusiasmo
一緒に	juntos(tas)
いっぱいの	lleno(na)
一般的に	generalmente
一方的な	unilateral
いつまでも	para siempre
いつも	siempre
遺伝	la herencia
糸	el hilo
いなか	el campo
犬	el perro
稲	la planta de arroz
いのち	la vida
祈る	rezar
いばる	ponerse soberbio(bia)
違反	la violación

92

違法な	ilegal	
いま	ahora	
居間	la sala	
意味	el significado	
Eメール	el correo electrónico	
Eメールアドレス	la dirección de e-mail	
妹	la hermana menor	
嫌になる	disgustarse	
イヤリング	el pendiente	
イライラする	irritarse	
いらない	no hace falta	
入り口	la entrada	
居る	estar	
要る	necesitar	
色	el color	
いろいろな	varios	
祝う	celebrar	
印鑑	el sello	
インコ	el perico	
印刷する	imprimir	
印象	la impresión	
インスタントラーメン	el fideo instantáneo	
インターネット	el internet	
引退する	retirarse	
インド	India	
インドネシア	Indonesia	
インフレ	la inflación	
インポテンツ	la impotencia	
飲料水	el agua potable	
ウイスキー	el whisky	
ウール	la lana	
上	arriba	
ウエイター	el mesero	
ウエイトレス	la mesera	
浮く	flotar	
受付	la recepción	
受け取る	recibir, recoger	
ウシ	la vaca	
失う	perder	
後ろに	atrás	
薄い	fino(na)	
ウソ	la mentira	
歌	la canción	
歌う	cantar	
疑う	sospechar, dudar	
宇宙	el universo	
打つ	golpear	
美しい	bonito(ta), bello(lla)	
移す	trasladar	
訴える	acusar	
腕輪	la pulsera	
ウマ	el caballo	
上手い	hábil	

生まれる	nacer	
海	el mar	
産む	dar la luz	
裏	el reverso	
裏切る	traicionar	
うらむ	guardar rencor	
うらやましい	envidiar	
売りきれる	agotarse	
売る	vender, despachar	
うるさい	ruidoso, escandaloso	
うれしい	contento(ta)	
浮気する	tener una (un) amante	
噂	el chisme	
運	la suerte	
運がいい	tener suerte	
うんざりする	cansarse, fastidiarse	
うんちをする	hacer popó, cagar	
運賃	tarifa	
運転手	el / la chofer	
運転する	manejar, conducir	
運転免許証	la licencia de conducir	
運動する	hacer ejercicio	
絵	la pintura	
エアコン	el aire acondicionado	
永遠の	eterno(na)	
映画	el cine, la película	
映画館	el cine	
映画作品	la película	
永久	la eternidad	
影響	la influencia	
営業	el negocio	
英語	el inglés	
エイズ	el SIDA	
衛生	la higiene	
衛生的	higiénico(ca)	
英雄	el héroe	
栄養	la alimentación	
笑顔	la sonrisa	
駅	la estación	
エステ	la operación estética	
絵葉書	la tarjeta postal	
エビ	el camarón	
えらい	grande (gran)	
選ぶ	escoger	
エリ（襟）	el cuello	
得る	obtener	
エレベーター	el elevador	
絵を描く	pintar	
円	el yen	
宴会	el banquete	
延期する	posponer	
エンジニア	el / la ingeniero(ra)	
炎症	la inflamación	

援助する	ayudar	
エンジン	el motor	
演奏する	interpretar, tocar	
延長する	prolongar	
エンピツ	el lápiz	
遠慮する	abstenerse	
遠慮なく	sin compromiso	
おいしい	sabroso(sa), rico(ca)	
追う	perseguir	
王様	el rey	
往復	ida y vuelta	
往復切符	boleto de ida y vuelta	
オウム	el papagayo	
多い	abundante	
大きい	grande	
大きさ	el tamaño	
大きな声	la voz alta	
おおげさ	exagerado(da)	
オーストラリア	Australia	
大通り	la avenida	
オートバイ	la moto(cicleta)	
お金	el dinero, la moneda	
おがむ	rezar	
起きる	levantarse	
置く	poner, colocar	
奥さん	la señora	
贈り物	el ragalo, el obsequio	
送る	mandar, enviar	
贈る	regalar	
遅れる	demorarse	
起こす	levantar	
行う	hacer	
怒る	ponerse bravo(va), enojarse	
おじ	el tío	
惜しい	lamentable	
教える	enseñar	
おしっこ	el pipí	
おしぼり	toallita caliente	
オシャレする	vestirse bien	
オス	el macho	
押す	empujar	
遅い（時間が）	tarde	
遅い、遅く（速度を）	despacio, lento(ta)	
落ちる	caerse	
おちんちん	la pinga	
夫	el esposo, marido	
おつり	la vuelta, el cambio	
音	el sonido	
弟	el hermano menor	
男	el hombre	
男の子	el niño, muchacho	

落し物をする	perder una cosa
落とす	dejar
脅す	chantajear
訪れる	visitar
おととい	antier, anteayer
おとといの晩	ante anoche
おとな	adulto(ta)
おとなしい	tranquilo(la)
踊り	el baile, la danza
踊る	bailar
おどろく	sorprenderse, asustarse
同じ	mismo(ma)
オナニー	la masturbación
お願いします	por favor
おば	la tía
おはようございます	Buenos días
オバケ	el fantasma
覚えていない	no acordarse
覚えている	acordarse
おみくじ	el oráculo escrito
おめでとう！	¡Felicidades!
重い	pesado(da)
思い出させる	recordar
思い出す	recordarse de
思い出せない	no poder recordar
思い出	el recuerdo
思う	pensar
重さ	el peso
おもしろい	interesante
おもちゃ	el juguete
おもて	la cara, el anverso
親（両親）	los padres
親孝行	la piedad filial
おやすみなさい	buenas noches
親不孝	desobediencia de los padres
泳ぐ	nadar
およそ	más o menos, alrededor de
オランダ	Holanda
織物	el tejido, la textura
降りる	bajar(se)
折る（たたむ）	doblar
俺	yo
オレンジ	la naranja
オレンジ色	el color naranja
終り	el fin
終わる	terminar, acabar
恩	la gracia
音楽	la música
恩知らずな	ingrato(ta)
恩人	el / la benefactor(a)
温泉	el balneario

温度	la temperatura
女	la mujer
女たらし	mujeriego
女の子	la niña, muchacha, chica
お守り	el amuleto
お姫様	la princesa
お腹がすく	tener hambre
お腹が一杯	estar lleno(na), estar satisfecho(cha)

か　行

蚊	el mosquito
カーテン	la cortina
カード	la tarjeta
～回	～ vez
～階	～ piso
会員	el miembro, el / la socio(cia)
会員証	el carné de socio
外貨	las divisas
海外	el extranjero
貝殻	la concha
海岸	la costa
会議（会合）	la reunión
会議（集会）	la asamblea, junta
会議（大会）	el congreso
海軍	la marina (de guerra)
会計	la contabilidad
解決する	resolver
戒厳令	el toque de queda, ley marcial
外交	la política exterior
外国	el país extranjero
外国人	el / la extranjero(ra)
外国製	de fabricación extranjera
改札口	entrada
会社	la compañía, empresa
会社員	el / la empleado(da)
怪談	el cuento de fantasmas
懐中電灯	la linterna
ガイド	la guía
ガイドブック	el libro de guía
回復する	recuperarse, componerse
開放する	abrir
解放する	liberar
開放的	abierto(ta)
外務省	Ministerio de Relaciones Exteriores
買い物	la compra
潰瘍	la úlcera
改良する	mejorar
会話	la conversación
飼う	criar

買う	comprar
返す	devolver
カエル	la rana
帰る	regresar
変える	cambiar
顔	la cara
香り	el aroma
化学	la química
科学	la ciencia
鏡	el espejo
カギ	la llave
書留	el correo certificado
かきまぜる	revolver
カギをかける	cerrar con llave
書く	escribir
掻く	rascar
確信する	confirmar
かくす	esconder
学生	el / la estudiante
カクテル	el coctel
学部	la facultad
革命	la revolución
かくれる	esconderse
かげ	la sombra
賭ける	apostar
賭け事	la apuesta
過去	el pasado
カゴ	la canasta
カサ	la sombrilla, el paraguas
火山	el volcán
歌詞	la letra (de una canción)
菓子	el dulce
家事	los quehaceres domésticos
火事	el incendio
かしこい	inteligente
カジノ	el casino
貸家	la casa de alquiler
歌手	el / la cantante
果樹園	la huerta
貸す	prestar
数	el número
ガス	el gas
貸す（賃貸）	alquilar
風	el viento, aire
風邪	la gripe
風邪薬	medicina para la gripe
カセットテープ	el cassette
数える	contar
家族	la familia
ガソリン	la gasolina
ガソリンスタンド	la gasolinería
肩	el hombro

94

固い・硬い ....duro(ra)
かたち ....la figura
片づける ....recoger
片道 ....la ida
　片道切符 ....el boleto sencillo
価値 ....el valor
　価値のある .....valioso(sa)
家畜 ....el animal doméstico
勝つ ....ganar
楽器 ....el instrumento musical
かっこいい ....bonito(ta)
学校 ....la escuela
合唱 ....el coro
褐色の人 ....el / la moreno(na)
勝手な ....egoísta
活発な ....activo(va)
家庭 ....la familia, el hogar
仮定する ....suponer
蚊取り線香 ....el incienso contra
　　　　　　　　los mosquitos
カトリック ....catolicismo
　カトリックの...católico(ca)
悲しい ....triste
カナダ ....Canadá
必ず ....sin falta
カニ ....el cangrejo
鐘 ....la campana
金持ち ....el / la rico(ca)
可能性 ....la posibilidad
可能な ....posible
彼女 ....ella
カバン ....la bolsa
花瓶 ....el florero
株式会社 ....la sociedad anónima, S.A.
壁 ....la pared
カボチャ ....la calabaza
我慢する ....aguantar
紙 ....el papel
神 ....el dios
髪 ....el cabello, pelo
カミソリ ....la hoja de afeitar
噛む ....morder
ガム ....el chicle
カメ ....la tortuga
カメラ ....la cámara
カメラマン.........el / la fotógrafo(fa)
鴨 ....el pato silvestre
科目 ....la asignatura
粥 ....el arroz muy aguado
かゆい（私が）...me pica, tengo comezón
　かゆみ ....la comezón
火曜日 ....el martes
カラーフィルム..rollo a color

辛い ....picante, picoso(sa)
ガラス ....el cristal, el vidrio
からだ ....el cuerpo
借りる ....pedir prestado
軽い ....ligero(ra)
彼 ....él
　彼ら ....ellos
カレンダー.........el calendario
川 ....el río
皮 ....la piel
かわいい ....bonito(ta), lindo(da)
かわいそう ....pobrecito(ta)
乾かす ....secar
乾く ....secarse
瓦 ....la teja
変わり者 ....el / la extravagante
代わる ....sustituir
変わる ....cambiar
ガン ....el cáncer
肝炎 ....la hepatitis
眼科 ....la oftalmología
　眼科医 ....el oculista
考え ....el pensamiento
考える ....pensar
感覚 ....el sentido
環境 ....el medio ambiente
　環境破壊 ....destrucción del ambiente
　環境問題 ....problemas ambientales
関係 ....la relación
頑固 ....de cabeza dura
観光 ....el turismo
　観光客 ....el / la turista
　観光地 ....el lugar turístico
韓国 ....Corea
　韓国人 ....el / la coreano(na)
看護婦 ....la enfermera
患者 ....el / la paciente
感謝する ....agradecer
感情 ....el sentimiento
勘定をする.........pagar
感心する ....admirar
感想 ....la impresión
肝臓 ....el hígado
乾燥した ....seco(ca)
簡単さ ....facilidad
簡単な ....fácil
缶詰 ....la lata
監督 ....el / la director(ra)
乾杯 ....el brindis
がんばる ....esforzarse,
　　　　　　　　hacer esfuerzos
がんばれ！.........¡Échale ganas!
看板 ....la cartel

缶ビール.............la cerveza de lata
漢方薬 ....la medicina china
木 ....el árbol
キー ....la llave
キーボード.........el teclado
黄色 ....el amarillo
消える ....desaparecer
気温 ....la temperatura
気が合う ....caerse bien
機会 ....la oportunidad
機械 ....la máquina
着替える ....cambiarse de ropa
気が大きい.........ponerse atrevido(da)
気が重い ....estar deprimido(da)
気が狂う ....enloqueserse
気が小さい.........tímido(da)
気が遠くなる.....desmayarse
気が長い ....ser paciente
気が短い ....ser poco paciente
気が楽になる.....tranquilizarse
期間 ....el período
気管支炎 ....la bronquitis
危機 ....la crisis
効く ....hacer efecto
聞く ....escuchar
期限 ....el término
機嫌がいい.........estar de buen humor
機嫌が悪い.........estar de mal humor
気候 ....el clima
帰国 ....regreso al país
既婚の ....casado(da)
期日 ....la fecha
技術 ....la técnica
キス ....el beso
傷 ....la herida
傷つける ....herir
規制 ....el control
犠牲 ....el sacrificio
寄生虫 ....el parásito
季節 ....la estación
気絶する ....desmayarse
基礎 ....la base
規則 ....la regla
北 ....el norte
〜を期待する.....esperar 〜
汚い ....sucio(cia), cochino(na)
基地 ....la base militar
貴重品 ....el artículo de valor
きつい ....apretado(da)
喫茶店 ....la cafetería
切手 ....el timbre, la estampilla
切符 ....el boleto
機内持込の手荷物....equipaje de mano

かた
↓
きな

95

気に入る	caerse bien, gustar	
気にしない	no preocuparse	
気になる	preocuparse	
記入する	llenar	
絹	la seda	
記念の	conmemorativo	
記念日	aniversario	
記念品	el recuerdo	
昨日	ayer	
厳しい	severo(ra), estricto(ta)	
寄付する	donar	
気分がいい	sentirse bien	
気分が悪い	sentirse mal	
希望する	desear	
君	tú	
奇妙な	extraño(ña), raro(ra)	
義務	el deber	
義務教育	educación obligatoria	
決める	decidir	
気持ち	el sentimiento	
気持ちいい	agradable	
疑問	la duda	
客	el cliente	
キャッシュカード	la tarjeta de débito	
キャンセルする	cancelar	
キャンセル待ち	estar en la lista de espera	
キャンペーン	la campaña	
休暇	la vacación	
救急車	la ambulancia	
休憩	el descanso	
急行列車	el tren rápido	
休日	el día festivo	
旧跡	las ruínas	
牛肉	la carne de res	
牛乳	la leche	
急用	el asunto urgente	
キュウリ	el pepino	
給料	el salario, sueldo	
今日	hoy	
教育	la educación	
教会	la iglesia	
教科書	el libro de texto	
行儀がいい	ser educado(da)	
行儀が悪い	ser mal educado(da)	
競技場	el estadio	
狂犬病	la rabia	
共産主義	el comunismo	
教師	el / la maestro(ra), el / la profesor(ra)	
行事	el acto, la actividad	
競争	la competencia	
兄弟	el hermano	

郷土料理	la comida regional	
興味がある	estar interesado(da)	
協力する	colaborar	
許可	el permiso	
去年	el año pasado	
距離	la distancia	
きらい	no me gusta	
霧	la niebla	
キリスト教	el cristianismo	
キリン	la jirafa	
切る	cortar	
着る	ponerse, vestirse	
きれいな	bonito(ta), bello(lla)	
キログラム	el kilogramo	
キロメートル	el kilómetro	
気を失う	desmayarse	
気をつける	tener cuidado	
金	el oro	
銀	la plata	
禁煙する	dejar de fumar	
禁煙席	asiento de no fumar	
近眼	la miopía, la vista corta	
緊急の	urgente	
銀行	el banco	
禁止	la prohibición	
近所	el vecino, la vecindad	
近代化	la modernización	
緊張する	ponerse nervioso(sa)	
筋肉	el músculo	
金髪の	rubio(bia)	
勤勉な	aplicado(da)	
吟遊詩人	el / la trovador(a)	
金曜日	el viernes	
区	el barrio	
食いしん坊	el / la tragón(na)	
空気	el aire	
空港	el aeropuerto	
空港税	el impuesto de aeropuerto	
空席	el asiento libre, asiento vacío	
偶然	la casualidad	
クーラー	el aire acondicionado	
9	nueve	
9月	septiembre	
クギ	el clavo	
草	la hierba	
くさい	oler mal	
腐りやすい	fácil de echarse a perder	
腐る	echarse a perder, podrirse	
くし（串）	la brocheta	
くし（櫛）	el peine	

くしゃみ	el estornudo	
苦情を言う	quejarse	
くすぐったい	tener cosquillas	
クスリ	la medicina, el medicamento	
薬屋	la farmacia	
くすり指	el dedo anular	
くそ！	¡Carajo!	
くだもの	la fruta	
くだらない	insignificante	
口	la boca	
口が上手い	halagador(a)	
口が重い	ser callado(da)	
口が軽い	hablador(a)	
口が悪い	sarcástico(ca)	
くちびる	el labio	
口紅	el lápiz labial	
靴	el zapato	
くつした	el calcetín	
くっつく	pegarse	
くっつける	pegar	
靴屋	la zapatería	
口説く	cortejar, enamorar	
国	el país	
首	el cuello	
クビになる（解雇）	ser despedido(da)	
クマ	el oso	
クモ	la araña	
雲	la nube	
くもり	el cielo nublado	
暗い	oscuro(ra)	
クラシックな	clásico(ca)	
クラスメート	el / la compañero(ra)	
比べる	comparar	
グラム	el gramo	
クリーニング	la lavandería, la tintorería	
クリスマス	la Navidad	
くり返して！	¡Repite!	
くり返す	repetir	
来る	venir	
苦しい	doloroso(sa)	
クレジットカード	la tarjeta de crédito	
黒い	negro(ra)	
苦労する	sufrir	
加える	añadir	
くわしい	detallado(da)	
くわしく	con detalle	
郡	el distrito	
軍人	el militar	
軍隊	el ejército	
毛	el pelo, el cabello	
経営する	manejar	
計画	el plan	

経験 ....la experiencia
敬虔な ....devoto(ta), piadoso(sa)
経済 ....la economía
　経済学 ....la economía política
　経済危機 ....la crisis económica
　経済成長 ....el desarrollo económico
警察 ....la policía
　警察官 ....el / la policía
　警察署 ....la policía
計算する ....calcular
芸術 ....el arte
　芸術家 ....el / la artista
　芸術品 ....la obra de arte
携帯電話 ....el celular
競馬 ....la carrera de caballos
経費 ....los gastos
警備員 ....guardia
軽べつする ....despreciar
刑務所 ....la cárcel
契約書 ....el contrato
ケーキ ....el pastel
ゲーム ....el juego
ケガ ....la herida
外科 ....la cirugía
毛皮 ....la piel
劇 ....el teatro
劇場 ....el teatro
今朝 ....esta mañana
下剤 ....el purgante
景色 ....el paisaje
消しゴム ....la goma (de borrar)
化粧する ....pintarse, maquillarse
化粧品 ....los cosméticos
消す(ぬぐい消す)...borrar
消す(火・明かりを)...apagar
ゲストハウス......la casa de huéspedes
けち ....el codo, tacaño
血圧 ....la presión arterial
血液型 ....el tipo de sangre
結果 ....el resultado,
　　　　　　　　la consecuencia
結核 ....la tuberculosis
月経 ....la menstruación
結婚 ....casamiento
　結婚式 ....la boda
　結婚する ....casarse
欠席 ....la ausencia
欠点 ....el defecto
ゲップ ....el eructo
月賦 ....el pago mensual
月曜日 ....el lunes
解熱剤 ....el antipirético
けむり ....el humo

下痢 ....la diarrea
下痢止め ....el opilativo
ける ....patear
県 ....la provincia
原因 ....la causa
見学する ....la visita educacional
ケンカする ....pelearse
元気 ....el ánimo
元気ですか？......¿Cómo está?
研究する ....investigar
言語 ....el idioma, la lengua
健康 ....la salud
検査 ....examen
現在 ....ahora
原産地 ....la procedencia
原子爆弾 ....la bomba atómica
研修 ....el curso, entrenamiento
原子力 ....la energía nuclear
原子力発電所......la planta nuclear
現像する ....revelar
建築 ....la arquitectura
現地の ....el lugar en cuestión
憲法 ....la Constitución
権利 ....el derecho
濃い ....espeso
恋 ....amor
　恋しい ....querido(da)
　恋する ....enamorarse
　恋人 ....el / la novio(via)
工員 ....el / la obrero(ra)
公園 ....el parque
公演 ....la función
効果 ....el efecto
硬貨 ....la moneda
公害 ....la contaminación
　　　　　　　　ambiental
郊外 ....los alrededores
後悔する ....arrepentirse
合格する ....aprobar
豪華な ....lujoso(sa), de lujo
睾丸 ....el testículo, huevo
交換する ....cambiar
好奇心 ....la curiosidad
抗議する ....protestar
工業 ....la industria
航空会社 ....la compañía de aviación
航空券 ....el boleto de avión
航空便で ....por avión
高血圧 ....la presión alta
口語 ....el lenguaje hablado
高校 ....la preparatoria
広告 ....la propaganda, el aviso
口座 ....la cuenta

口座番号 ....el número de cuenta
交差点 ....el cruce
工事 ....la obra, la construcción
　工事中 ....estar de obra
公衆衛生 ....la salud pública
公衆電話 ....el teléfono público
公衆トイレ.........el baño público, sanitario
工場 ....la fábrica
交渉する ....negociar
香辛料 ....la especia
香水 ....el perfume
洪水 ....la inundación
高層ビル ....el rascacielo
高速道路 ....la autopista
紅茶 ....el té (negro)
交通 ....el tráfico
交通事故 ....el accidente de tráfico
強盗 ....el asaltante
幸福 ....la felicidad
興奮する ....excitarse
公平 ....la equidad, la justicia
公務員 ....el / la funcionario(ria)
肛門 ....el ano
交流 ....el intercambio
小売り ....la venta por menor,
　　　　　　　　menudeo
声 ....la voz
越える ....pasar
コーヒー ....el café
コーラス ....el coro
氷 ....el hielo
凍る ....congelar
誤解する ....malentender
コカコーラ.........la coca (cola)
5 ....cinco
　5月 ....mayo
小切手 ....el cheque
ゴキブリ ....la cucaracha
故郷 ....la tierra natal
国際電話 ....la llamada internacional
黒人 ....el / la negro(ra)
国籍 ....la nacionalidad
国民 ....el pueblo
国立公園 ....el parque nacional
こげる ....quemarse
ここ ....aquí
午後 ....la tarde
心 ....el corazón
腰 ....la cintura, cadera
こじき ....el / la mendigo(ga)
コショウ.............el pimiento
故障する ....romperse
個人 ....el individuo

けい
↓
こじ

97

こせ↓しか

個性的	original
小銭	el cambio
午前	la mañana
答える	responder
国歌	el himno nacional
国旗	la bandera nacional
国境	la frontera
コック	el / la cocinero(ra)
骨折	la fractura
小包	el paquete
コップ	el vaso
孤独	la soledad
孤独な	solitario(ria)
今年	este año
ことば	la palabra
こども	el / la niño(ña)
こどもの	infantil
ことわざ	el refrán, el dicho
断わる	rechazar, negar
この	este
このくらい	tanto como éste
このように	así
ごはん	el arroz
五番目	quinto
コピーする	copiar, sacar copia
困る	estar en problemas
ゴミ	la basura
ゴミ箱	el basurero, bote de basura
コミッション	la comisión
小麦粉	la harina (de trigo)
米	el arroz
ごめんなさい	Discúlpeme, Perdón
小指	el dedo meñique
ゴルフ	el golf
これ	éste(ta)
コレラ	el cólera
殺す	matar
ころぶ	caer(se)
こわい	horrible
こわす	romper
こわれる	romperse
今回	esta vez
今月	este mes
コンサート	el concierto
混雑する	estar lleno(na)
今週	esta semana
コンセント	el enchufe
コンタクトレンズ	el lente de contacto
コンディショナー	el acondicionador
今度（今回）	esta vez
コンドーム	el preservativo
こんにちは	Buenas tardes

今晩	esta noche
こんばんは	Buenas noches
コンピューター	la computadora
婚約する	comprometerse

さ　行

差	diferencia
サービス料	el servicio
サーフィン	el surf
最悪	pésimo(ma)
再会する	volver a ver
最近	últimamente
細菌	la bacteria, el microbio
サイクリング	el ciclismo
最高の	supremo(ma)
サイコー！	¡Padre!
最後の	último(ma)
サイコロ	el dado
祭日	el día festivo
最小	el / la mínimo(ma)
最小の	el(la) más pequeño(a)
最初の	primero(ra)
最新の	último(ma)
サイズ	la talla, el tamaño
最大	máximo(ma)
最大の	el(la) más grande
才能	el talento
再発行	expedir de nuevo
裁判	el juicio
サイフ	la cartera, el monedero
材料	la materia
サイン（タレントなどの）	el autógrafo
サイン（合図）	el signo
サイン（署名）	la firma
サウナ	la sauna
坂	la loma
探す	buscar
魚（食材）	el pescado
魚（生き物）	el pez
下がる	bajar
咲く	florecer
昨晩	anoche
サクラ	el cerezo
酒	el sake
酒飲み	el / la tomador(ra)
さけぶ	gritar
避ける	evitar
差出し人	el remitente
刺身	el pescado crudo
指す	señalar
座席	el asiento
座席番号	el número de asiento

～させる	mandar a ～, obligar a ～
誘う	invitar
撮影禁止	prohibido sacar fotos
撮影する	filmar
サッカー	el fútbol
さっき	hace un rato
雑誌	la revista
砂糖	el azúcar
砂漠	el desierto
さびしい	sentirse solo(la)
寒い	frío(a)
冷める	enfriarse
皿	el plato
サラダ	la ensalada
サル	el mono
さわる	tocar
三角	el triángulo
3	tres
3月	marzo
サングラス	las gafas de sol, los lentes oscuros
サンゴ	el coral
残酷な	cruel
算数	la aritmética
サンダル	la sandalia
サンドイッチ	el bocadillo, el sandwich
残念な	lamentable
散髪する	cortarse el pelo
三番目	tercero
産婦人科	la ginecólogo
散歩する	dar una vuelta, pasear
山脈	la sierra
市	la ciudad
詩	la poesía
痔	los hemorroides
試合	el partido
幸せ	la felicidad
シイタケ	el hongo shiitake
シーツ	la sábana
CD	el disco compacto
寺院	el templo
ジーンズ	los pantalones de mezclilla, jean
塩	la sal
塩からい	salado(da)
仕送りする	mandar el dinero
次回	la próxima vez
市外局番	el código de la ciudad
四角	el cuadrado
資格	el título
しかし	pero
4	cuatro
4月	abril

しかる	regañar	
時間	el tiempo	
四季	la estación	
識字運動	la alfabetización	
試験	el examen, la prueba	
資源	los recursos	
事故	el accidente	
時刻表	el horario	
仕事	el trabajo	
時差	la diferencia de horas	
辞書	el diccionario	
次女	la segunda hija	
市場	el mercado	
詩人	el / la poeta	
静か	tranquilo(la)	
しずむ	hundirse	
施設	la institución	
自然	la naturaleza	
自然な	natural	
子孫	el / la descendiente	
舌	la lengua	
時代遅れ	pasado de moda	
下着	la ropa interior	
仕立てる	hacer un traje	
下に	abajo	
7	siete	
7月	julio	
質屋	la casa de empeños	
試着する	probar	
実業家	el hombre de negocios	
失業する	perder el trabajo	
しつこい	pesado(da)	
実際に	de verdad	
知っている	saber	
嫉妬する	tener celos	
嫉妬深い	celoso(sa)	
実は	en verdad	
失敗	el fracaso	
湿布	el parche, la compresa húmeda	
質問	la pregunta	
失礼な	falta de respeto	
してあげる	hacerte ～	
自転車	la bicicleta	
自動	automático(ca)	
自動車	el coche, auto(móvil), carro	
自動販売機	el vendedor automático	
次男	el segundo hijo	
死ぬ	morir, fallecer	
支配人	el gerente	
しばしば	muchas veces, frecuentemente	

しばる	amarrar	
耳鼻咽喉科	la otorrinolaringología	
しびれる	entumecerse	
自分で	por sí mismo	
紙幣	el billete	
脂肪	la grasa	
しぼる	exprimir	
資本家	el / la capitalista	
資本主義	el capitalismo	
縞	la raya	
島	la isla	
姉妹	la hermana	
しまう	guardar	
自慢する	enorgullecerse	
地味な	sobrio(ria), sencillo(lla)	
事務所	la oficina	
氏名	nombre y apellido	
湿った	húmedo(da)	
閉める	cerrar	
地面	el suelo	
ジャーナリスト	el / la periodista	
釈迦	la Buda	
社会	la sociedad	
社会福祉	el bienestar social	
社会保険	el seguro social	
社会保障	la seguridad social	
ジャガイモ	la papa	
市役所	el ayuntamiento	
車掌	el cobrador	
写真	la foto	
写真家	el/ la fotógrafo	
ジャズ	el jazz	
社長	el / la presidente(ta)	
シャツ	la camisa	
借金	la deuda	
シャッター	el cierre metálico	
じゃまをする	molestar	
ジャム	la mermelada	
シャワー	la ducha, regadera	
シャンプー	el champú	
週	la semana	
自由	la libertad	
11	once	
11月	noviembre	
自由化	liberalización	
10	diez	
10月	octubre	
習慣	la costumbre	
宗教	la religión	
住所	la dirección	
ジュース	el jugo	
自由席	el asiento no numerado	
渋滞	el embotellamiento	

重態	el estado grave	
十代の若者	los jovenes de menos de veinte años	
集中する	concentrar	
12	doce	
12月	diciembre	
収入	el ingreso	
充分な	suficiente	
重役	el / la administrador(a)	
修理する	reparar	
授業	la clase	
宿題	la tarea	
宿泊客	el / la huésped	
手術	la operación	
首相	el / la primer(a) ministro(tra)	
主人公	el / la protagonista	
出血する	sangrar	
出国	la salida del país	
出産	el parto	
出発時間	la hora de salida	
出発する	partir	
出版社	la casa editorial	
首都	el capital	
主婦	la ama de casa	
趣味	la afición	
種類	la especie	
純金	el oro puro	
純粋	puro(ra)	
準備する	preparar	
賞	el premio	
女王	la reina	
紹介する	presentar	
正月	el año nuevo	
小学校	la primaria	
乗客	el / la pasajero(ra)	
条件	la condición	
証拠	la evidencia	
正午	el mediodía	
錠剤	la pastilla	
上司	el / la jefe(fa)	
正直	la sinceridad	
正直な	sincero(ra)	
少女	la niña, la muchacha	
上手	hábil	
少数民族	la minoría étnica	
小説	la novela	
小説家	el / la escritor(ra)	
招待	la invitación	
冗談	la broma	
消毒	la desinfección	
商人	el / la comerciante	
証人	el / la testigo	

しか → しょ

少年	el niño, muchacho
商売	el negocio
商品	la mercancía, el artículo
賞品	el premio
上品	elegante
丈夫	fuerte
しょうべん	la orina, el pipí
情報	la información
消防署	el cuartel de bomberos
証明書	la certificación
正面	el frente
条約	el tratado
しょうゆ	la salsa de soya
将来	el futuro
勝利	la victoria
使用料	el precio de alquilar
初級	la clase elemental
食事	la comida
食堂	el comedor
食堂車	el vagón restaurante
植物	la planta
植物園	el jardín botánico
殖民	la colonización
植民地	la colonia
食欲	el apetito, ganas de comer
処女	la virgen
女性	la mujer
女性器	el órgano sexual femenino
女優	la actriz
書類	el documento
白髪	la cana
知らせる	avisar
知らない	no saber
調べる	investigar, averiguar
私立	privado(da)
知る	saber, conocer
白	blanco
シロップ	el sirope
白ワイン	el vino blanco
進学する	ir a la escuela
シンガポール	Singapur
シングルルーム	la habitación sencilla
神経	el nervio
神経質な	nervioso(sa)
人口	la población
申告	la declaración
深刻な	grave
新婚	el recién casado
新婚旅行	la luna de miel
診察	la consulta médica

真実	la verdad
真珠	la perla
人種	la raza
人種差別	la discriminación
信じる	creer
申請	la solicitud
親戚	la familia, el / la pariente
親切	la bondad
新鮮	fresco(ca)
心臓	el corazón
腎臓	el riñon
寝台車	el coche-cama
身体障害者	el / la minusválido(da)
身長	la estatura
心配する	preocuparse
神父	el padre
新聞	el periódico, el diario
じんましん	la urticaria, la roncha
親友	el / la mejor amigo(ga)
信頼する	confiar
診療所	la clínica
人類	la humedad
酢	el vinagre
水泳	la natación
スイカ	la sandía
スイス	Suiza
推薦	la recomendación
水洗トイレ	el baño, inodoro
スイッチ	el botón
水道	el acueducto
水道水	el agua de la llave
炊飯器	la olla arrocera
水曜日	el miércoles
吸う	respirar
数学	la matemática
数字	el número
スーツ	el traje
スーツケース	la maleta
スーパーマーケット	el supermercado
スープ	la sopa
末っ子	el / la hijo(ja) menor
スカート	la falda
スキー	el esquí
好きな	preferido(da), favorito(ta)
すぐに	en seguida
少し	un poco
すずしい	fresco(ca)
スター	la estrella
スチュワーデス	la aeromoza
スチュワード	el aeromozo
頭痛	el dolor de cabeza
ずっと	sin cesar
すっぱい	ácido(da)

ステーキ	el bistec
すでに	ya
捨てる	botar, tirar
ストッキング	las medias
ストロー	el popote
砂	la arena
素直	apacible
スニーカー	los tenis
スパゲッティー	los espaguetis
すばらしい	magnífico(ca), maravilloso(sa)
スピード	la velocidad
スプーン	la cuchara
スペイン	España
すべて	todo(da)
すべる	patinar, resbalar
スポーツ	deporte
ズボン	los pantalones
炭	el carbón
すみません	perdón
済む	acabar
住む	vivir
スラム	barrio
スリ	el / la carterista
するどい	afilado(da)
すわる	sentarse
寸法	la medida, talla
性	el sexo
誠意	la sinceridad
西欧	Occidente
性格	el carácter
正確な	exacto(ta)
生活	la vida
生活費	los gastos de vida
世紀	el siglo
正義	la justicia
請求書	la factura
請求する	demandar
税金	el impuesto
清潔な	limpio(a)
制限	la restricción, el límite
性交	la relación sexual
成功する	tener éxito
生産する	producir
政治	la política
政治家	el / la político(ca)
聖書	la biblia
政情不安	la inestabilidad política
精神	la mente, el espíritu
精神科	el departamento de psiquiatría
精神病	la enfermedad mental
成績	el resultado

製造業	la industria manufacturera
製造する	fabricar
ぜいたくな	de lujo
成長する	crecer
生徒	el / la alumno(na)
政党	el partido
青年	el / la joven
生年月日	la fecha de nacimiento
性病	la enfermedad venérea
政府	el gobierno
生命	la vida
西洋	el occidente
西洋人	el / la occidental
生理	la menstruación, regla
生理用ナプキン	la toalla sanitaria
西暦	la era cristiana
セーター	el suéter
セールスマン	el / la vendedor(ra)
背負う	cargar
世界	el mundo
咳	la tos
席	el asiento
責任	la responsabilidad
責任がある	ser responsable
赤面する	ponerse rojo(ja)
石油	el petróleo
赤痢	la disentería
セクシー	sensual
積極的	activo(va)
セッケン	el jabon
接続	la conección
絶対に	absolutamente
説明する	explicar
節約する	ahorrar
設立する	fundar
せまい	estrecho(cha)
セルフレジ	la caja de autocobro
ゼロ	cero
セロテープ	la cinta adhesiva,el dulex
世話する	cuidar
千	mil
線	la línea
船員	el marinero
全員	todo el mundo
洗顔する	lavarse la cara
選挙	la elección
先月	el mes pasado
専攻	la especialidad
線香	el incienso
洗剤	el detergente
先日	el otro día
戦車	el tanque
選手	el / la jugador(ra)

先週	la semana pasada
先生	el / la maestro(ra), el / la profesor(ra)
先祖	el antecedente
戦争	la guerra
洗濯する	lavar
センチ	centímetro
全部	todo
扇風機	el ventilador
専門学校	la escuela técnica
ゾウ	el elefante
雑巾	el trapo
倉庫	el almacén
操作する	manejar, operar
そうじ	la limpieza
葬式	el funeral
そうじをする	limpiar
想像する	imaginar
相談	consultar
ぞうり	la chancla
僧侶	el monje
ソース	la salsa
速達	el correo urgente
そこ	allí
底	el fondo
そして	y
育てる	criar
卒業	la graduación
外	el exterior
祖父	el abuelo
祖母	la abuela
染める	teñir
空	el cielo
剃る	afeitar
それ	eso
それから	y
それとも	o
それら	esos
損害	el daño
尊敬する	respetar

た　行

ダース	la docena
退院する	salir del hospital
ダイエット	la dieta
体温	la temperatura del cuerpo
体温計	el termómetro
大学	la universidad
大学生	el / la universitario(ria)
大工	el carpintero
たいくつな	aburrido
大根	el nabo japonés
大使	el / la embajador(ra)

大使館	la embajada
体重	el peso
だいじょうぶ	no hay problema
退職	el retiro, la jubilación
耐水性の	resistible al agua
大聖堂	la catedral
大切な	importante
大切に	con cuidado
たいてい	generalmente
大統領	el / la presidente
態度がよい	bien educado
態度が悪い	mal educado, portarse mal
台所	la cocina
第2次世界大戦	la Segunda Guerra Mundial
台風	el tifón
たいへん	muy
大便	la mierda
逮捕する	detener
題名	el título
タイヤ	la llanta
ダイヤモンド	el diamante
太陽	el sol
大陸	el continente
代理人	el / la representante
台湾	China Taipei
耐える	aguantar, resistir
タオル	la toalla
倒れる	caerse, tumbarse
高い（高さ）	alto(ta)
高い（値段）	caro(ra)
宝くじ	la lotería
炊く	cocer
抱く	abrazar
たくさん	mucho(cha)
タクシー	el taxi
竹	el bambú
タコ	el pulpo
凧	el papalote
確かな（sure）	sesguro(ra)
確かめる	asegurarse, confirmar
足す	añadir
助ける	ayudar
たたかう	luchar
たたく	pegar, golpear, tocar
正しい	correcto(ta)
たたむ	doblar
立入り禁止	No entrar
立つ	ponerse de pie, levantarse
脱毛	la depilación
縦の	vertical

101

たて
↓
てん

建物	el edificio
建てる	construir
たとえば	por ejemplo
他人	el / la ajeno(na)
たのしい	divertido(da)
たのしむ	divertirse
頼む	pedir
タバコ	el cigarro
タバコを吸う	fumar
ダブルルーム	la habitación matrimonial
たぶん	quizás
食べ物	la comida
食べる	comer
タマゴ	el huevo
だます	engañar
タマネギ	la cebolla
ためす	probar
ためらう	dudar
頼る	contar con ～
たりる	bastar
だれ？	¿quién?
痰	el escupitajo
短気な	impaciente
短期の	de corta duración
単語	la palabra
短所	el defecto
誕生日	el cumpleaños
ダンス	el baile, la danza
男性	el hombre
男性器	el órgano sexual masculino
団体	la organización
たんぼ	el campo de arroz
暖房	la calefacción
男優	el actor
血	la sangre
治安がいい	seguro(ra)
治安が悪い	inseguro(ra)
地位	la clase
地域	el barrio
小さい	pequeño(ña)
小さな声	la voz baja
チェック (小切手)	el cheque
チェックアウト	la salida, check out
チェックイン	check in
近い	cerca
違う	diferente
地下室	el sótano
近づく	acercarse
地下鉄	el metro
地下の	subterráneo
力	la fuerza

地球	la tierra
チケット	el boleto
遅刻する	llegar tarde
知識	el conocimiento
地図	el mapa
父	el padre
縮む	encogerse
地方	el región
茶	el té
チャーター便	el vuelo charter
茶色	café, marrón, castaño
着陸	aterizaje
茶碗	la taza
注意	la atención
中学校	la secundaria
中華街	el barrio chino
中級	el curso medio
中近東	Cercano y Medio Oriente
中国	China
中止	la interrupción
注射	la inyección
駐車禁止	No estacionarse
駐車場	el estacionamiento
駐車する	estacionar
昼食	el almuerzo
中心	el centro
注文する	pedir
チョウ	la mariposa
腸	el intestino
彫刻	la escultura
長所	el mérito, la ventaja
長女	la hija mayor, primera hija
朝食	el desayuno
調整する	arreglar
ちょうど	exacto(ta), justo(ta)
ちょうどいい	viene justo, como anillo al dedo
長男	el hijo mayor
調味料	el sazonador, condimento
チリ	Chile
地理	la geografía
治療	el tratamiento médico
チリ人	el / la chileno(na)
鎮痛剤	el calmante
ツアー	el tur
追加	el suplemento
ツインルーム	la habitación doble
通貨	la moneda
通過する	pasar
通訳	el / la intérprete
通訳する	traducir

使う	usar, utilizar
つかまえる	agarrar
疲れた	cansado(da)
疲れる	cansarse
つぎ	próximo(ma)
月 (天体)	la luna
月 (日時)	el mes
机	el escritorio
つくる	hacer
つける	pegar
土	la tierra
つづく	durar
続ける	seguir, continuar
つつむ	envolver
つなぐ	amarrar
妻	la esposa
つまらない	aburrido(a)
罪	la culpa, el pecado
ツメ	la uña
冷たい	frío(a)
強い	fuerte
つらい	duro(ra)
釣り	la pesca
つり銭	el vuelto, cambio
手	la mano
提案	la propuesta
Tシャツ	la playera
ディスコ	la discoteca
ティッシュペーパー	el papel de seda, clinex
ていねいな	fino(na)
テーブル	la mesa
出かける	salir
手紙	la carta
できない	no poder ～
できる	poder ～
出口	la salida
デザート	el postre
デザイン	el diseño
手数料	la comisión
鉄	el hierro
手伝う	ayudar
手続き	el trámite
鉄道	el ferrocarril
テニス	el tenis
手荷物	el equipaje
てぶくろ	el guante
出る	salir
テレビ	la televisión
電圧	el voltaje
店員	el / la vendedor(ra)
天気	el tiempo
電気	la electricidad
天気予報	el pronóstico del tiempo

天国 .....el cielo
伝言 .....el mensaje
天才 .....el genio
電車 .....el tren
天井 .....el techo
添乗員 .....el tur conductor
伝染病 .....la epidemia, enfermedad contagiosa
電池 .....la pila, batería
電灯 .....la luz
伝統的 .....tradicional
電話 .....el teléfono
　電話する .....llamar
　電話帳 .....la guía telefónica, sección amarilla
　電話番号 .....el número de teléfono
ドアー .....la puerta
～と会う .....ver a ～
トイレ .....el baño, tocador
トイレットペーパー ...el papel de baño
塔 .....la torre
～等（順位）.....～ lugar
～等（等級）.....～ clase
どういたしまして...de nada, por nada
とうがらし .....el chile
陶器 .....la cerámica
東京 .....Tokio, Tokyo
到着時刻 .....la hora de llegada
到着する .....llegar
盗難 .....el robo
東南アジア .....Asia de Sudeste
糖尿病 .....la diabetes
とうふ .....el queso de soya
同封する .....adjuntar
動物 .....el animal
動物園 .....el zoológico
トウモロコシ .....el maíz
どうやって？.....¿cómo?
東洋 .....Oriente
　東洋人 .....el / la oriental
登録する .....registrar
遠い .....lejos
トースト .....el pan tostado
通り .....la calle, la avenida
トカゲ .....la lagartija
毒 .....el veneno
得意 .....ser fuerte en
独学 .....autodidáctica
　独学する .....estudiar sin maestro
特産物 .....el producto especial
読書 .....la lectura
独身 .....el / la soltero(ra)
得する .....ganar

特徴 .....la característica
独特の .....particular
特別の .....especial
時計 .....el reloj
どこ？ .....¿dónde?
ところで .....pues
歳 .....la edad
市 .....la ciudad
年上の .....mayor
閉じ込める .....encerrar
閉じこもる .....encerrarse
年下の .....menor
年取った .....viejo(ja)
図書館 .....la biblioteca
閉じる .....cerrar
土地 .....la tierra, el terreno
突然 .....de repente
隣 .....el vecino
飛ぶ .....volar
とぼける .....hacerse el tonto
徒歩で .....a pie
トマト .....el jitomate
止まる .....parar
泊まる .....quedarse, hospedarse
友だち .....el / la amigo(ga)
土曜日 .....el sábado
トラ .....el tigre
ドライクリーニング ...el lavado en seco
トラック .....el camión de carga
トラベラーズチェック...el cheque de viajero
トランプ .....el naipe, las cartas
鳥 .....el pájaro
努力する .....esforzarse, hacer esfuerzos
とり消す .....cancelar
とり替える .....cambiar
とり肉 .....el pollo
取る .....tomar
ドル .....el dólar
どれ .....cuál
ドロボウ .....el / la ladrón(a)
トンネル .....el túnel

な　行

ない .....no hay
内線 .....la extensión
ナイフ .....el cuchillo
内容 .....el contenido
直す（修理）.....reparar
直す（訂正）.....corregir
治る .....curarse
中 .....dentro
長い .....largo(ga)

長い間 .....por mucho tiempo
中庭 .....el patio
ながめがいい .....tener buena vista
中指 .....dedo del medio, dedo corazón
流れ星 .....la estrella fugaz
流れる .....fluir
泣く .....llorar
鳴く .....cantar
なくす .....perder
なぐる .....golpear
投げる .....lanzar
ナス .....la berenjena
なぜ？ .....¿por qué?
なぜならば .....porque
夏 .....el verano
なつかしい .....nostálgico(ca)
夏休み .....la vacación de verano
なに？ .....¿qué?
ナベ .....la olla
ナマ .....crudo(da)
名前 .....el nombre
波 .....la ola
なみだ .....la lágrima
悩む .....sufrir, atormentarse
習う .....aprender
鳴る .....sonar
なるほど .....efectivamente
慣れる .....acostumbrarse
何個 .....cuántos
何時 .....a qué hora
何時間 .....por cuántas horas
何種類 .....de muchos tipos
何人 .....cuántas personas
難民 .....los refugiados
にがい .....amargo(ga)
2 .....dos
　2月 .....febrero
にぎやかな .....alegre
肉 .....el carne
　肉屋 .....la carnicería
にげる .....huir
西 .....el oeste
西ヨーロッパ .....Europa Occidental
ニセモノ .....falso(sa)
日曜日 .....el domingo
～について .....sobre ～, acerca de ～
日記 .....el diario
ニッケル .....el níquel
似ていない .....no se parece
似ている .....se parece
2等 .....la segunda clase
二番目の .....segundo

てん↓にば

(103)

にぶい ....torpe
日本 ....Japón
　日本円 ....el yen japonés
　日本語 ....el japonés
　日本酒 ....el sake
　日本食 ....la comida japonesa
　日本人 ....el / la japonés(sa)
荷物 ....el equipaje
入学 ....el ingreso
入国 ....la inmigración
　入国カード
　(ツーリストカード) ....tarjeta de turista
入場料 ....la entrada
ニュース ....la noticia
　ニュース番組 ....el noticiero
尿 ....la orina
煮る ....cocer
庭 ....el jardín
ニワトリ（オス）...el gallo
ニワトリ（メス）...la gallina
人気がある ....popular
人形 ....el muñeco
人間 ....el hombre,
　　　　　　　　　los seres humanos
妊娠 ....el embarazo
人数 ....la cantidad de personas
妊婦 ....la mujer embarazada
～に関する ....sobre ～ , acerca de ～
抜く ....sacar, arrancar
脱ぐ ....quitarse
盗む ....robar
布 ....la tela
塗る ....pintar
濡れる ....mojarse
値打ちがある .....valer
ネコ ....el gato
ネズミ ....el ratón
値段 ....el precio
熱が出る ....tener fiebre
値引きする ....descontar, rebajar
ねむい ....tener sueño
寝る ....dormir
年 ....el año
年金 ....la pensión
ネンザする ....torcerse
年収 ....el ingreso anual
年齢 ....la edad
脳 ....el celebro
農業 ....la agricultura
農民 ....el / la campesino(na)
能力 ....la capacidad
ノート ....la libreta, el cuaderno
のこり ....el resto

覗く ....asomar
望み ....deseo
望む ....desear
のど ....garganta
　のどが乾く .....tener sed
ののしる ....insultar
～の場合 ....en caso de ～
登る ....subir
～の前で ....delante de ～
～の前に ....antes de ～
飲み物 ....la bebida
飲む ....tomar, beber, chupar
乗りかえる ....cambiar, trasbordar
乗る ....montar, tomar

は　行

歯 ....el diente
葉 ....la hoja
バー ....el bar
パーティー ....la fiesta
バーベキュー .....la parrilla
パーマ ....la permanente, base
灰 ....la ceniza
肺 ....el pulmón
～倍 ....～ veces
はい（肯定）.........sí
灰色 ....gris
肺炎 ....la pulmonía
ハイキング ....la excursión
灰皿 ....el cenicero
歯医者 ....el / la dentista
売春 ....la prostitución
売春婦 ....la prostituta, la puta
配達する ....distribuir
入る ....entrar
入れる ....echar
ハエ ....la mosca
墓 ....la tumba
バカ ....el / la tonto(ta)
はかる ....medir
吐き気 ....el vomito, el asco
吐く ....vomitar
履く ....ponerse
白菜 ....la lechuga china / napa
拍手 ....el aplauso
白人 ....el / la blanco(ca)
爆竹 ....el cohete
爆発する ....explotar
博物館 ....el museo
ハゲ ....el / la calvo(va)
バケツ ....el cubo, la cubeta
箱 ....la caja
はこぶ ....llevar, transportar

はさむ ....insertar
橋 ....el puente
端 ....el extremo
箸 ....los palillos
初めて ....por primera vez
はじめる ....empezar
場所 ....el lugar
破傷風 ....el tétanos
走る ....correr
バス ....el camión, autobús
はずかしい ....vergüenza
バスタブ ....la tina
パスポート ....el pasaporte
パソコン ....la computadora
旗 ....la bandera
バター ....la mantequilla
はだかの ....desnudo(da),
　　　　　　　　　encuerro(ra)
畑 ....el campo
働く ....trabajar
ハチ ....la abeja
8 ....ocho
　8月 ....agosto
ハチミツ ....la miel
発音 ....la pronunciación
罰金 ....la multa
バッグ ....la bolsa
パックツアー ......el paquete
発行する ....publicar
発行控え ....la copia
発車時刻 ....la hora de salida
発車する ....salir
発展途上国 ....el país subdesarollado
バット ....el bate
ハデな ....llamativo(va)
花 ....la flor
鼻 ....la nariz
鼻くそ ....el moco
話す ....platicar
バナナ ....el plátano
母 ....la madre
歯ブラシ ....el cepillo de dientes
ハミガキ粉 ....la pasta de dientes
早い ....temprano
速い ....rápido(da)
払い戻し ....la devolución
払う ....pagar
はり紙 ....el cartel
春 ....la primavera
貼る ....pegar
晴れ ....el buen tiempo
パワー ....la fuerza
晩 ....la noche

パン	el pan	
範囲	la extensión	
繁栄	la prosperidad	
ハンカチ	el pañuelo	
反感	el antipatía	
パンクする	poncharse	
番号	el número	
犯罪	el crimen	
ハンサムな	guapo	
反対側	el otro lado	
反対する	oponerse a	
パンツ（下着）	el calzoncillo	
パンツ（服）	el pantalón	
半月	la quincena	
パンティー	el calzoncillo	
半島	la península	
半年	el medio año	
ハンドバッグ	la bolsa de mano	
半日	la mitad del día	
犯人	el / la autor(a) del crimen	
ハンバーガー	la hamburguesa	
パンフレット	el folleto	
半分	la mitad	
パン屋	la panadería	
火	el fuego	
ピアス	el arete	
ピアノ	el piano	
ビーチ	la playa	
ピーナッツ	el cacahuate	
ビール	la cerveza	
ヒーロー	el héroe	
比較する	comparar	
東	el este	
東アジア	Este de Asia	
東ヨーロッパ	Europa del Este	
ひかり	la luz	
引き受ける	encargarse	
引き出す	sacar	
引く	jalar, tirar	
低い	bajo(ja)	
ピクニック	la excursión	
ヒゲ（あごひげ）	la barba	
ヒゲ（口ひげ）	el bigote	
ヒゲそり	el afeitado, rasurador	
飛行機	el avión	
ビザ	la visa	
美術	el arte	
美術館	el museo de bellas artes	
秘書	la secretaria	
非常口	la salida de emergencia	
ヒスイ	el jade	
左	la izquierda	
ひっこす	mudarse	

ひっぱる	jalar	
必要とする	necesitar	
ビデオテープ	el cassette de video	
ビデオデッキ	el videocasetera	
ひどい	terrible, horrible	
人気がない	impopular	
等しい	ser igual	
ひとりっ子	el / la hijo(ja) único(ca)	
ひとりで	solo(la)	
ビニール	el plástico	
避妊する	impedir la concepción	
避妊薬	la medicina anticonceptiva	
日の出	la salida del sol	
火花	la chispa	
皮膚	la piel	
皮膚科	la dermatología	
ひま	el tiempo libre	
秘密	el secreto	
日焼けする	quemarse	
日焼け止め	el protector solar	
日焼け用オイル（サンオイル）	el bronceador	
費用	el gasto	
病院	el hospital	
美容院	la estética, peluquería	
病気	la enfermedad	
表現する	expresar	
標準の	normal	
平等	la igualdad	
表面	superficie	
比率	la proporción	
昼	el día	
ビル	el edificio	
昼休み	el almuerzo	
広い	amplio(lia)	
ヒロイン	la heroína	
広げる	extender	
広場	la plaza	
ビン	la botella	
瓶（カメ）	la jarra	
ピンク	el rosado	
貧血	la anemia	
品質	la calidad	
ヒンズー教	el hinduismo	
ピンチ	el apuro, la crisis	
貧乏な	pobre	
ファックス	el fax	
ファッション	la moda	
フィリピン	las Filipinas	
フィルム	el rollo	
風刺	la sátira	
封筒	el sobre	

夫婦	el matrimonio	
ブーム	el boom, la moda	
笛	el silbato, pito	
フェリー	el ferri, transbordado	
増える	aumentar	
フォーク（食器）	el tenedor	
フォークソング	la canción folklórica	
フォーマル	formal	
深い	profundo(da), hondo(da)	
不快な	desagradable	
不可能	imposible	
服	la ropa	
複雑	complicado(da)	
腹痛	el dolor de estómago	
含む	contener	
不景気	la depresión	
不幸な	infeliz	
ふざけるな！	¡Déjate de broma!	
不思議な	extraño(ña)	
侮辱する	insultar, burlar	
不親切	la falta de amabilidad	
防ぐ	defenderse	
フタ	la tapa	
ブタ	el puerco, el cerdo, el cochino	
ブタ肉	la carne de puerco	
舞台	el escenario	
ふたたび	otra vez	
普通	normal	
物価	los precios	
二日酔い	crudo(da)	
ぶつかる	chocar	
仏教	el budismo	
仏教徒	el / la budista	
仏像	la imagen de Buda	
ブドウ	la uva	
不動産の	inmobiliario(ria)	
不動産屋	el agente inmobiliario	
不得意だ	no soy bueno(na) para	
ふとった	gordo(da)	
船着場	el muelle	
船便で	por barco	
船酔いする	marearse	
赴任	comenzar en un nuevo puesto	
船	el barco	
部分	la parte	
不便	la incomodidad	
不法滞在	estar ilegalmente	
不法入国	entrar ilegalmente al país	
不眠症	el insomnio	

ぱん
↓
ふみ

(105)

増やす	aumentar
冬	el invierno
フライパン	el sartén
ブラウス	la bulsa
ブラシ	el cepillo
ブラジャー	el blasier
プラスチック	el plástico
プラチナ	el platino
フラッシュ禁止	no flash
フランス	Francia
ブランデー	el brandy
古い	viejo(ja)
古着	la ropa usada
ブレスレット	la pulsera
プレゼント	el regalo
風呂	el baño
プロ	profesional
フロント	la recepción
糞	la mierda
分（時間）	minuto
雰囲気	el ambiente
文化	la cultura
文学	la literatura
文語	el lenguaje literario
文章	la oración, la frase
文法	la gramática
ヘアスタイル	el peinado
平均	el promedio
平均的な	promedio, medio(a)
兵士	el soldado
閉店する	cerrar
平和	la paz
ページ	la página
へそ	el ombligo
下手	inhábil
ベッド	la cama
ペット	el animal doméstico
ベトナム	Viet Nam
ヘビ	la serpiente
部屋	la habitación, el cuarto
減る	disminuir
ベルト	la cinta, el cinturón
ペン	la pluma
弁解	la excusa
勉強する	estudiar
偏見	el prejuicio
変更する	cambiar
弁護士	el / la abogado(da)
返事	la respuesta
弁償する	recompensar
変態	anormal
弁当	almuerzo,lonche
ヘンな	extraño(ña), raro(ra)

便秘	la estreñimiento
返品する	devolver
便利	cómodo(da)
貿易	el comercio exterior
方言	el dialecto
冒険	la aventura
方向	la dirección
ぼうし	el sombrero
防止する	prevenir
宝石	la joya
放送	la emisión
方法	la manera
法律	la ley
ホース	la manguera
ボート	el bote, la lancha
ボーナス	el aguinaldo
ボールペン	el bolígrafo
ボール紙	el cartón
ほかの	otro(ra)
牧師	el pastor
ポケット	el bolsillo
保険	el seguro
保険会社	la compañía de seguros
保護	la protección
ホコリ	el polvo
誇り	el orgullo
星	la estrella
欲しい	querer, desear
保証	la garantía
保証金	el depósito
保証書	el documento de garantía
保証する	garantizar
保証人	el / la garantizador(ra)
干す	secar
ポスター	el afiche, el poster
ポスト	el buzón
細い	fino(na), delgado(da)
ホットコーヒー	el café (caliente)
ホテル	el hotel
歩道	la banqueta
ほとんど	casi
ほとんど全部	casi todo
骨	el hueso
ほほ	la mejilla
ほほえみ	la sonrisa
ほめる	elogiar
ボランティア	el / la voluntario(ria)
掘る	tallar
ポルトガル	Portugal
本	el libro
香港	Hong Kong
ほんとうに	verdaderamente
ほんの少し	un poquito

ほんもの	auténtico(ca)
本屋	la librería
翻訳	traducción

ま　行

毎（回、日など）	cada
マイク	el micrófono
前金	el adelanto, el anticipo
前払い	el pago anticipado
まがる	doblar
巻く	enrollar
マクドナルド	el MacDonald
まくら	la almohada
マグロ	el atún
負ける	perder
孫	el / la nieto(ta)
マジック	el plumón
マジック（魔法）	la magia
まじない	la brujería
まじめ	serio(ria)
まずい（食物）	malo, sabe feo(a)
まずしい	pobre
まだ〜がある	todavía hay
まだ〜がない	todavía no hay
町	la ciudad
待合室	la sala de espera
待合せをする	hacer una cita
まちがい	el error
待つ	esperar
マッサージ	el masaje
まっすぐ	recto(ta), derecho(cha)
祭り	la fiesta
〜まで	hasta 〜
窓	la ventana
まにあう	llegar a tiempo
マニュキア	la manicura
マネる	imitar
マメ	el frijol
まもなく	pronto
守る	proteger
麻薬	la droga
まゆげ	la ceja
迷う	perderse
まるい	redondo(da)
まるで〜	como si fuera 〜
マレーシア	Malasia
まわす	dar la vuelta
万	diez mil
満員の	lleno(na)
マンガ	la caricatura
満足する	estar contento(ta)
満腹	lleno(na), satisfecho(cha)

まん中	centro
実	el fruto
見送る	despedir
みがく	pulir
右	la derecha
未婚	soltero(ra)
岬	el cabo
短い	corto(ta)
水	el agua
水色	azul claro(ra)
湖	el lago
水着	el traje de baño
水玉	la gota
店	la tienda
見せて！	¡Enséñame!
見せる	enseñar
味噌	la pasta de soya fermentada
道	el camino, la calle
見つける	encontrar, hallar
見積り	la cotización
密輸	el contrabando
みとめる	reconocer
みどり色	el verde
皆	todos(das)
港	el puerto
南	el sur
みにくい	feo(a)
ミニスカート	la minifalda
ミネラルウオーター	el agua mineral
身分証明書	el carné de identidad
見本	la muestra, el ejemplo
耳	la oreja
耳鳴り	el zumbido de oídos
脈拍	el pulso
みやげ	el recuerdo, el souvenir
明晩	mañana por la noche
未来	el futuro
魅力的	atractivo(va)
見る	ver, mirar
ミルク	la leche
民芸品	la artesanía
民主主義	la democracia
民族	la raza etnia
民族音楽	la música folklórica
民族舞踊	el ballet folklórico
むかえる	recibir
むかし	el pasado
無効の	ineficaz
無職	sin trabajo
ムシよけ	el repelente
ムシ刺され	la picada
ムシ歯	el diente picado, la caries

むずかしい	difícil
息子	el hijo
むすぶ	unir
娘	la hija
ムダづかい	el desperdicio
夢中	entusiasmo
夢中になる	entusiasmarse
胸	el pecho
村	el pueblo
むらさき	morado
ムリな	imposible
無料	gratis
目	el ojo
名刺	la tarjeta de presentación
名詞	el sustantivo
名所	el lugar famoso
迷信	la superstición
迷惑	la molestia
メートル	el metro
メールアドレス	la dirección de e-mail
メガネ	los lentes, anteojos
目薬	las gotas para los ojos
目指す	pretender
メス	la hembra
めずらしい	raro(ra)
めったに～ない	muy raro
めでたい	festivo
メニュー	la carta, el menú
めまいがする	tener vértigo, sentirse mareado
メロディー	la melodía
メロン	melón
綿	el algodón
麺	el fideo
面（お面）	la máscara
免税	libre de impuestos
免税店	tienda libre de impuestos
面積	la superficie
めんどくさい	me da flojera
もう～した	ya
儲ける	ganar
申し込み	la solicitud
申し訳ない	perdóneme
盲腸炎	la apendicitis
毛布	la cobija, manta
燃える	quemarse
目的	el objetivo
目的地	el destino
目標	la meta
木曜日	el jueves
文字	la letra

もし～ならば	si ～
もしもし	¿Bueno?
持ち主	el / la dueño(ña)
もちろん	claro, por supuesto
もったいない	¡Qué desperdicio!
持っていく	llevar
持っている	tener
持ってくる	traer
モップの棒	el palo de trapiar
もてなす	hacer buena acogida
物	la cosa, el objeto
模様（図柄）	el dibujo
もらう	recibir
森	el bosque
門	la puerta
問題	el problema
問題ない	no hay problema

や　行

八百屋	la verdulería
ヤギ	el chivo
焼き増し	la copia
野球	el béisbol
焼く	quemar, asar
約	alrededor de
ヤクザ	la mafia
約束	la promesa, la palabra
役に立つ	servir
ヤケド	la quemadura
野菜	la verdura
易しい	fácil
優しい	amable
ヤシ	la palma
安い	barato(ta)
安売り	la oferta
休み	el descanso
休む	descansar
やせた	delgado(da), flaco(ca)
屋台	el puesto
家賃	el alquiler
薬局	la farmacia
雇う	emplear
破る	romper
山	la montaña
やわらかい	blando(da), tierno(na), suave
湯	el agua caliente
ゆううつ	la melancolía
遊園地	el parque de diversiones
有害な	dañoso(sa)
有効期限	la vigencia
友情	la amistad

107

夕食 .... la cena
郵送する .... enviar por correo
夕日 .... la puesta del sol
郵便 .... el correo
　郵便局 .... correos
　郵便配達 .... el mensajero
　郵便番号 .... el código postal
　郵便料金 .... el fanqueo
有名な .... famoso(sa)
ユーモア .... el humor
有料 .... de pago
床 .... el piso, el suelo
ゆかい .... gracioso(sa)
雪 .... la nieve
　雪が降る .... nevar
輸出 .... la exportación
豊か .... abundante, rico(ca)
ゆっくり .... despacio,lento(ta)
　ゆっくり話して！....Háblame más despacio
ゆでる .... cocer
輸入 .... la importación
指 .... el dedo
指輪 .... el anillo
夢 .... el sueño
夢を見る .... soñar
良い .... bueno(na)
酔う .... emborracharse
用意する .... preparar
用事 .... el asunto
用心する .... tener cuidado
ようす .... la situación, condición
ヨーロッパ .... Europa
余暇 .... el tiempo libre
預金する .... depositar dinero
横 .... el lado
横になる .... acostarse
汚れる .... ensuciarse
予算 .... el presupuesto
予想 .... el pronóstico
ヨット .... el yate
予定 .... el plan
呼ぶ .... llamar
予報 .... el pronóstico
予防 .... la precaución
読む .... leer
嫁 .... la esposa
予約 .... la reservación
夜 .... la noche
よろこぶ .... alegrarse,
　　　　　　　　ponerse contento(ta)
弱い .... débil
四番目 .... cuarto

ら　行

来月 .... el próximo mes
ライター .... el encendedor
来年 .... el próximo año
ライム .... el limón
楽な .... cómodo(da)
ラジオ .... la radio
ラップ（音楽）......el rap
理解する .... entender, comprender
陸 .... la tierra
りこうな .... listo(ta)
離婚 .... el divorcio
理想 .... el ideal
立派な .... maravilloso(sa)
理由 .... la razón
留学生 .... el / la estudiante
　　　　　　　　extranjero
留学生 .... ir a estudiar al extranjero
流行 .... la moda
流行遅れ .... fuera de moda
寮 .... el dormitorio
量 .... la cantidad
両替する .... cambiar
料金 .... el precio
領事館 .... el consulado
領収書 .... el recibo,
　　　　　　　　el comprobante
領土 .... el territorio
両方 .... ambos(bas)
〜料理 .... la comida 〜
料理 .... la comida
　料理する .... cocinar
旅券番号 .... el número de pasaporte
旅行 .... el viaje
　旅行者 .... el / la viajero(ra)
　旅行代理店 ......la agencia de viajes
リンゴ .... la manzana
臨時 .... temporal
ルームメイト ......el / la compañero(ra)
　　　　　　　　de cuarto
留守 .... la ausencia
例 .... el ejemplo
霊 .... el alma, el espíritu
冷蔵庫 .... el refrigerador
冷房 .... la refrigeración del aire
レート .... la tasa
歴史 .... la historia
レストラン .... el restaurante
列車 .... el tren
レバー .... el hígado
レモン .... la lima, el limón
練習 .... el ejercicio,
　　　　　　　　el entrenamiento

レンタカー .... el rentacar,
　　　　　　　　auto(móvil) rentado
レントゲン .... el rayos x
連絡する .... avisar
廊下 .... el pasillo
老眼 .... la presbicia
老人 .... el / la anciano(na)
老人ホーム .... el asilo de ancianos
ロウソク .... la vela
労働者 .... el / la trabajador(ra)
ローン .... el préstamo
録音する .... grabar
6 .... seis
　6月 .... junio
ロケット .... el cohete
ロック .... el rock
ロバ .... el burro
ロビー .... el lobby
ロリコン .... el titimania

わ　行

輪 .... la rueda, el círculo
ワールドカップ ..la copa mundial
わいせつな .... pornográfico(ca), verde
わいろ .... el soborno
ワイン .... el vino
若い .... joven
沸かす .... hervir
わがまま .... el egoismo
若者 .... el / la joven
わかりにくい ......difícil de entender
わかる .... entender, comprender
わかれる .... separarse
惑星 .... el planeta
ワクチン .... la vacuna
わける .... dividir
輪ゴム .... la goma
わざと .... de propósito
わざとらしい ......expresamente
わずらわしい ......molesto(ta)
忘れる .... olvidar
私 .... yo
　私たち .... nosotros
　私たちの .... nuestro
　私の .... mi, mío
わたす .... entregar
わたる .... pasar, atravesar
ワニ .... el caimán, el cocodrilo
わらう .... reír
割引き .... el descuento
割る .... romper
割る（割り算）......dividido por
悪い .... malo(la)
湾 .... la bahía

メキシコ（スペイン）語→日本語 単語集

"第4部"も約2500の単語を収録しています。
会話相手に単語を探してもらったり、
メキシコ（スペイン）語の表記から意味を解読する
ときに活用してください。

・アクセント位置については86ページを参照
してください。

A

a pie .... 徒歩で
¿a qué hora? .... 何時に？
abajo .... 下に
abandonar .... あきらめる
abeja .... ハチ
abierto(ta) .... 開放的
abogado(da) .... 弁護士
abordar .... 搭乗する
abrazar .... 抱く
abril .... 4 月
abrir .... 開ける、開放する
absolutamente ...... 絶対に
abstenerse .... 遠慮する
abuela .... 祖母
abuelo .... 祖父
abundante .... 多い
aburrido(a) .... つまらない、退屈な
aburrirse .... 飽きる
acá .... ここ
acabar .... 済む、終わる
acceso .... 入り口
accesorio .... アクセサリー
accidente .... 事故
accidente
de tráfico .... 交通事故
aceite .... 油
acerca de ～ .... ～に関する
acercarse .... 近づく
acertar .... 当てる（命中）
ácido(da) .... すっぱい
acondicionador ..... コンディショナー
acordarse .... 覚えている、
                        思い出す
acostarse .... 横になる
acostumbrarse ...... 慣れる
actividad .... 活動
activo(va) .... 活発な、積極的な
acto .... 行事
actor .... 男優
actriz .... 女優
acueducto .... 水道
acusar .... 訴える
adelanto .... 前金
adivinar .... 当てる（推測）
adjuntar .... 同封する
administrador(a) ... 重役
admirar .... 感心する
aduana .... 税関
adulto(ta) .... おとな
aeromoza .... スチュワーデス
aeromozo .... スチュワード
aeropuerto .... 空港
afeitado .... ヒゲそり
afeitar .... 剃る

afiche .... ポスター
afición .... 趣味
afilado(da) .... するどい
Africa .... アフリカ
agarrar .... つかまえる
agencia .... 代理店
agencia de viajes ... 旅行代理店
agente inmobiliario ... 不動産屋
agosto .... 8 月
agotarse .... 売りきれる
agradable .... 気持ちいい
agradecer .... 感謝する
agricultura .... 農業
agua .... 水
agua caliente .... 湯
agua de la llave .... 水道水
agua mineral .... ミネラルウオーター
agua potable .... 飲料水
aguacero .... ひょう
aguantar .... 我慢する、耐える
águila .... 鷲
aguinaldo .... ボーナス
ahí .... あそこ
ahora .... いま、現在
ahorrar .... 節約する、
                         貯金する
ahorro .... 蓄え、貯金
aire .... 空気、風、雰囲気
aire acondicionado .. エアコン、クーラー
ajeno a ～ .... ～に関係のない
ajeno(na) .... 他人
alberca .... プール
alegrarse .... よろこぶ
alegre .... 明るい（性格）、
                         にぎやかな
alergia .... アレルギー
alfabetización .... 識字運動
algodón .... 綿
alimentación .... 栄養
alimento .... 食べ物
allá .... あっち
allí .... そこ
alma .... 霊、魂
almacén .... 倉庫
almohada .... まくら
almuerzo .... 弁当
alquilar .... 貸す（賃貸）
alquiler .... 家賃
alrededor de .... およそ
alrededores .... 郊外
alto(ta) .... 高い（高さ）
alumno(na) .... 生徒
ama de casa .... 主婦
amable .... 優しい
amante .... 愛人
amar .... 愛する

amargo(ga) .... にがい
amarillo .... 黄色
amarrar .... しばる、つなぐ
ambiente .... 雰囲気
ambos(bas) .... 両方
ambulancia .... 救急車
América .... アメリカ
amigo(ga) .... 友だち
amistad .... 友情
amor .... 愛、恋
amplio(lia) .... 広い
amuleto .... お守り
añadir .... 加える、足す
anciano(na) .... 老人
andar .... 歩く
andén .... ホーム
anemia .... 貧血
anhelar .... あこがれる
anillo .... 指輪
animal .... 動物
animal doméstico .. 家畜、ペット
ánimo .... 元気
aniversario .... 記念日
ano .... 肛門
año .... 年
año nuevo .... 正月
año pasado .... 去年
anoche .... 昨晩
anormal .... 異常な、変態
ante anoche .... おとといの晩
anteayer .... おととい
antecedente .... 先祖
anteojos .... メガネ
antes de ～ .... ～の前に
anticipo .... 前金
anticonceptivo ...... 避妊の
antier .... おととい
antipatía .... 反感
antipirético .... 解熱剤
antojito .... ごちそう、郷土料理
anverso .... おもて
apacible .... 素直
apagar .... 消す（火・あかりを）
apellido .... 姓
apendicitis .... 盲腸炎
apetito .... 食欲
aplauso .... 拍手
aplicado(da) .... 勤勉な
apodo .... あだ名
apostar .... 賭ける
aprender .... 覚える、学ぶ、習う
apretado(da) .... きつい
aprobar .... 合格する
apuesta .... 賭け事
apuro .... ピンチ
aquel(lla) .... あの、あれ

a → aq

(110)

aquella persona....	あの人
aquí.......................	ここ
araña	クモ
árbol...................	木
arena	砂
arete	ピアス
Argentina	アルゼンチン
aritmética.............	算数
aroma	香り
arquitectura..........	建築
arrancar	引き抜く
arreglar	調整する
arrepentirse	後悔する
arriba	上
arroba	アットマーク
arrojar	投げる、捨てる
arroz	米
arte	芸術，美術
artesanía.............	民芸品
artículo.................	商品
artículo de valor....	貴重品
artista..................	芸術家
asaltante	強盗
asamblea.............	会議（集会）
asar.....................	焼く
ascensor	エスカレーター
asco.....................	吐き気
asegurarse...........	確かめる
aseo.....................	そうじ
así.......................	このように
Asia.....................	アジア
Asia de Sudeste ...	東南アジア
asiento.................	座席、席
asiento de no fumar...	禁煙席
asiento libre	空席
asiento no numerado ..	自由席
asiento vacío	空席
asignatura.............	科目
asomar.................	覗く
asunto..................	用事
asustarse	驚く
atención	注意
aterrizaje.............	着陸
atinar...................	当てる（命中）
atormentarse	悩む
atractivo(va)..........	魅力的
atrás....................	後ろに
atravesar.............	わたる、横切る
atrevido(da)	気が大きい
atún....................	マグロ
aumentar	増える、増やす
ausencia	欠席、留守
Australia...............	オーストラリア
auténtico(ca).........	ほんもの
auto(móvil)............	自動車
autobús.................	バス

autodidáctica	独学
autógrafo	サイン（タレントなどの）
automático(ca)......	自動
autopista..............	高速道路
avenida	大通り
aventura...............	冒険
averiguar..............	調べる
avión	飛行機
avisar	知らせる、連絡する
aviso	広告、連絡事項
ayer.....................	昨日
ayudar.................	援助する、助ける、手伝う
ayuntamiento........	市役所
azúcar..................	砂糖
azul	青い
azul claro(ra)........	水色
azulejo	タイル

B

bacteria................	細菌
bahía...................	湾
bailar...................	踊る
baile	踊り、ダンス
bajar....................	下がる
bajar(se)	降りる
bajo(ja)................	低い
ballet folklórico......	民族舞踊
balneario..............	温泉
bambú..................	竹
banco...................	銀行
bandera................	旗
bandera nacional ..	国旗
baño....................	水洗トイレ、浴室、トイレ
baño público	公衆トイレ
banqueta..............	歩道
banquete..............	宴会
bar	バー
barato(ta).............	安い
barba	ヒゲ（あごひげ）
barco...................	船
barrio	地域、スラム、区
barrio chino..........	中華街
base....................	パーマ、基礎
base militar	基地
bastar..................	たりる
basura..................	ゴミ
basurero	ゴミ箱
bate.....................	バット
batería	電池
bebé....................	赤ん坊
beber	飲む
bebida	飲み物
béisbol	野球

bello(lla)	かっこいい、きれいな、かわいい、美しい
benefactor(a)	恩人
berenjena..............	ナス
beso.....................	キス
biblia	聖書
biblioteca	図書館
bicicleta...............	自転車
bien.....................	良い
bienestar..............	福祉
bigote..................	ヒゲ（口ひげ）
billete..................	紙幣
bistec..................	ステーキ
blanco(ca)............	白、白人
blando(da)	やわらかい
blasier.................	ブラジャー
boca....................	口
bocadillo..............	サンドイッチ
boda....................	結婚式
boleto..................	切符、チケット
boleto de avión	航空券
boleto de ida y vuelta	往復切符
boleto sencillo.......	片道切符
bolígrafo...............	ボールペン
bolillo..................	丸パン
Bolívia.................	ボリビア
bolsa....................	カバン、バッグ
bolsa de mano......	ハンドバッグ
bolsillo.................	ポケット
bomba atómica	原子爆弾
bomberos.............	消防
bondad.................	親切
bonito(ta)	かっこいい、きれいな、かわいい、美しい
boom....................	ブーム
borrar	消す（ぬぐい消す）
bosque.................	森
botana..................	おつまみ
botar...................	捨てる
bote.....................	ボート
bote de basura......	ゴミ箱
botella	ビン
botón...................	ボタン、スイッチ
brandy..................	ブランデー
Brasil...................	ブラジル
bravo(va)	怒っている
brindis	乾杯
brocheta...............	くし（串）
broma	冗談
bronceador	サンオイル
bronquitis	気管支炎
brujería	まじない
Buda	釈迦

aq → bu

(111)

bu → ch

buda	仏像
budismo	仏教
budista	仏教徒
buen tiempo	晴れ
buenas noches	おやすみなさい
buenas tardes	こんにちは
bueno(na)	良い
Bueno?	もしもし
buenos días	おはよう
bulsa	ブラウス
burlar	侮辱する、からかう、ばかにする
burro	ロバ
buscar	探す
buseo	スキューバダイビング
buzón	ポスト

C

caballo	ウマ
cabello	髪、毛
cabeza	頭
cabeza dura	頑固
cabo	岬
cacahuate	ピーナッツ
cada	毎〔回、日など〕
cada dos días	1日おき
cadera	腰
caerse	落ちる、倒れる、転ぶ
caerse bien	気が合う、気に入る
café	コーヒー、茶色
café caliente	ホットコーヒー
café cappuchino	カプチーノ
café express	エスプレッソ
café helado	アイスコーヒー
cafetería	喫茶店
caimán	ワニ
caja	箱
caja de autocobro	セルフレジ
cajero automático	ATM
calabaza	カボチャ
calamar	イカ
calcetín	くつした
calcular	計算する
calefacción	暖房
calendario	カレンダー
calidad	品質
cálido(da)	暖かい
callado(da)	無口な
calle	通り、道
callejón	小道
calmante	鎮痛剤
caluroso(sa)	暑い
calvo(va)	ハゲ
calzado	靴、履き物
calzoncillo	パンツ（下着）、パンティー

cama	ベッド
cámara	カメラ
camarón	エビ
cambiar	変える、変わる、交換する、とり替える、変更する、両替する
cambiarse de ropa	着替える
cambio	小銭、釣り銭
caminar	歩く
camino	道
camión	バス、トラック
camión de carga	トラック
camisa	シャツ
camote	サツマイモ
campamento	キャンプ
campana	鐘
campaña	キャンペーン
campesino	農民
campo	いなか , 畑
cana	白髪
Canadá	カナダ
canasta	カゴ
cancelar	キャンセルする
cáncer	ガン
canción	歌
canción folklórica	フォークソング
cangrejo	カニ
cansado(da)	疲れた
cansarse	疲れる、うんざりする
cantante	歌手
cantar	歌う、鳴く
cantidad	量
caña	さとうきび
capacidad	能力、収容力
capital	首都
capitalismo	資本主義
capitalista	資本家
cara	顔
caracol	カタツムリ
carácter	性格
característica	特徴
¡Carajo!	くそ！
carbón	炭
cárcel	刑務所
cargar	背負う
caricatura	マンガ
carne	肉
carné de identidad	身分証明書
carne de puerco	ブタ肉
carne de res	牛肉
carné de socio	会員証
carnicería	肉屋
caro(ra)	高い（値段）
carpintero	大工
carrera de caballos	競馬
carro	自動車

carta	メニュー、手紙
cartas	トランプ
cartel	はり紙、看板
cártel	カルテル
cartera	サイフ
carterista	スリ
cartón	ボール紙
casa	家
casa de alquilar	貸家
casa de cambio	両替所
casa de empeños	質屋
casa de huéspedes	ゲストハウス
casa editorial	出版社
casado(da)	既婚の
casamiento	結婚
casarse	結婚する
casete	カセットテープ
casete de video	ビデオテープ
casi	ほとんど
casino	カジノ
castaño	茶色
casualidad	偶然
catedral	大聖堂
catolicismo	カトリック
católico(ca)	カトリックの
causa	原因
cebolla	タマネギ
ceja	まゆげ
celebrar	祝う
celebro	脳
celo	嫉妬
celoso(sa)	嫉妬深い
celular	携帯電話
cena	夕食
cenicero	灰皿
ceniza	灰
centímetro	センチ
centro	まん中
centro comercial	ショッピングモール
cepillo	ブラシ
cepillo de dientes	歯ブラシ
cerámica	陶器
cerca	近い
Cercano y Medio Oriente	中近東
cerdo	ブタ
cerezo	サクラ
cero	ゼロ
cerrar	閉める、閉店する、閉じる
cerrar con llave	カギをかける
certificación	証明書
cerveza	ビール
cerveza de lata	缶ビール
cesar	止む
champú	シャンプー

(112)

chancla	ぞうり	
chantajear	脅す	
charco	池	
charola	トレイ	
check in	チェックイン	
check out	チェックアウト	
cheque	チェック（小切手）	
cheque de viajero	トラベラーズチェック	
chica	女の子	
chicle	ガム	
Chile	チリ（国）	
chile	とうがらし	
chileno(na)	チリ人	
China	中国	
China Taipei	台湾	
chino(na)	中国人	
chisme	噂	
chispa	火花	
chivo	ヤギ	
chocar	ぶつかる	
chofer	運転手	
chupar	酒を飲む、吸う	
ciclismo	サイクリング	
cielo	空、天国	
ciencia	科学	
cierre metálico	シャッター	
cigarro	タバコ	
cinco	5	
cine	映画、映画館	
cinta	ベルト	
cinta adhesiva	セロテープ	
cintura	腰	
cinturón	ベルト	
círculo	輪	
cirugía	外科	
cita	約束、待ち合わせ	
ciudad	市、街	
claro	もちろん	
claro(ra)	明るい	
clase	～等（等級）、授業、地位、階級	
clase elemental	初級	
clase media	中産階級	
clásico(ca)	クラシックな	
clave	暗証番号	
clavo	クギ	
cliente	客	
clima	気候	
clinex	ティッシュペーパー	
clínica	診療所	
cobija	毛布	
cobre	銅	
coca (cola)	コカコーラ	
cocaína	コカイン	
cocer	炊く、煮る、ゆでる	
coche	自動車	

coche-cama	寝台車	
cochera	ガレージ	
cochino	ブタ、汚い	
cocina	キッチン	
cocinar	料理する	
cocinero(ra)	コック	
cocodrilo	ワニ	
coctel/cóctel	カクテル	
código	暗証番号	
código de la ciudad	市外局番	
código postal	郵便番号	
codo	けち	
cohete	爆竹、ロケット	
colaborar	協力する	
coleccionar	集める	
cólera	コレラ	
colocar	置く	
Colombia	コロンビア	
colonia	区、植民地	
colonización	殖民	
color	色	
color naranja	オレンジ色	
combustible	燃料	
comedor	食堂	
comenzar	始める、始まる	
comer	食べる	
comerciante	商人	
comercio exterior	貿易	
comezón	かゆみ	
comida	食事、食べ物、料理	
comida ～	～料理	
comida japonesa	日本食	
comida regional	郷土料理	
comisión	手数料	
comité	委員会	
como si fuera ～	～まるで～	
como siempre	相変わらず	
¿cómo?	どうやって？	
cómodo(da)	便利な、楽な、快適な	
compadre	相棒	
compañero(ra)	同級生	
compañero(ra) de cuarto	ルームメイト	
compañía	会社	
compañía de aviación	航空会社	
compañía de seguros	保険会社	
comparar	比較する	
competencia	競争	
completo	完全な、全体の	
complicado(da)	複雑	
componerse	回復する	
compra	買い物	
comprar	買う	

comprender	理解する	
compresa húmeda	湿布	
comprobante	領収書	
comprometerse	婚約する	
computadora	コンピューター	
comunismo	共産主義	
con cuidado	大切に	
con detalle	くわしく	
con mucho estusiasmo	一生懸命	
concentrar	集中する	
concha	貝殻	
concierto	コンサート	
condición	状態、状況、条件	
condimento	調味料	
conducir	運転する	
conección	接続	
confiar	信頼する	
confirmar	確かめる、確信する	
congelar	凍る	
congreso	会議（大会）	
conmemorativo	記念の	
conocer	知っている	
conocimiento	知識	
conquista	征服	
consecuencia	結果	
Constitución	憲法	
construcción	工事	
construir	建てる	
consulado	領事館	
consulta médica	診察	
consultar	相談する	
consumo	消費	
contabilidad	会計	
contaminación	大気汚染	
contaminación ambiental	公害	
contar	数える	
contar con ～	～を頼る	
contener	含む	
contenido	内容	
contento(ta)	満足している、嬉しい	
continente	大陸	
continuar	続く、続ける	
contrabando	密輸	
contrato	契約書	
control	規制	
conversación	会話	
copa mundial	ワールドカップ	
copia	焼き増し、コピー	
copiar	コピーする	
coral	サンゴ	
corazón	心臓、心	
Corea	韓国	
coreano(na)	韓国人	

coro	合唱、コーラス
correcto(ta)	正しい
corregir	直す（訂正）
correo	郵便
correo certificado	書留
correo electrónico	E メール
correo urgente	速達
correos	郵便局
correr	走る
correspondencia	乗り換え
cortar	切る
cortarse el pelo	散髪する
cortejar	口説く
cortina	カーテン
corto(ta)	短い
cosa	物
cosméticos	化粧品
cosquilla	くすぐったい
Costa Rica	コスタリカ
costa	海岸
costumbre	習慣
cotización	見積り
crecer	成長する
creer	信じる
criar	飼う、育てる
crimen	犯罪
criminal	犯罪者
crisis	危機
crisis económica	経済危機
cristal	ガラス
cristianismo	キリスト教
cruce	交差点
crudo(da)	ナマ、二日酔い
cruel	残酷な
cuaderno	ノート
cuadrado	四角
¿cuál?	どれ
cualquier(a)	いずれか
¿cuándo?	いつ？
¿cuántas personas?	何人
¿cuánto?	いくら？
¿cuántos(as)?	いくつ？
¿cuántos?	何個
cuarto	四番目
cuarto	部屋
cuarto de baño	風呂
cuatro	4
cubeta	バケツ
cubiertos	フォーク、ナイフ、スプーンなどの食器
cubo	バケツ
cucaracha	ゴキブリ
cuchara	スプーン
cuchillo	ナイフ
cuello	エリ（襟）、首
cuenta	口座、アカウント

cuento	話、物語
cuerpo	からだ
cueva	洞くつ
cuidar	世話する
culpa	罪
cultura	文化
cumpleaños	誕生日
curarse	治る
curiosidad	好奇心
curso	研修

D

dado	サイコロ
daño	損害
dañoso(sa)	有害な
danza	踊り、ダンス
dar	あげる（人に）
dar la luz	産む
dar la vuelta	曲がる
de fabricación extranjera	外国製
de lujo	ぜいたくな
de nada	どういたしまして
de propósito	わざと
de repente	突然
de verdad	実際に
deber	義務
débil	弱い
decidir	決める
decir	言う
declaración	申告
dedo	指
dedo anular	くすり指
dedo corazón	中指
dedo del medio	中指
dedo meñique	小指
defecto	欠点，短所
defenderse	防ぐ
dejar	落とす、やめる、あずける
delante de ～	～の前で
delegación	行政区
delgado(da)	やせた、細い
delicado	繊細な、細かい
demandar	請求する
democracia	民主主義
demorarse	遅れる
dentista	歯医者
dentro	中
departamento	アパート
depilación	脱毛
deporte	スポーツ
depositar dinero	預金する
depósito	保証金
depresión	不景気
deprimido(da)	落ち込んでいる

derecha	右
derecho	権利、法律
derecho(cha)	まっすぐ
dermatología	皮膚科
desagradable	不快な
desaparecer	消える
desarrollo	発展
desarrollo económico	経済成長
desayunar	朝食をとる
desayuno	朝食
descansar	休む
descanso	休憩、休み
descendiente	子孫
descuento	割引き
desear	希望する
desempleado(da)	失業者
deseo	望み
desierto	砂漠
desinfección	消毒
desmayarse	気絶する
desnudo(da)	はだかの
despacio	遅く（速度を）、ゆっくり
despedir	見送る、別れる
despejado	晴天
desperdicio	無駄遣い、浪費
despreciar	軽べつする
después	あとで
destino	目的地
destino a ～	～行き
destrucción del ambiente	環境破壊
detallado(da)	くわしい
detalle	詳細、気配り
detener	逮捕する
detergente	洗剤
deuda	借金
devolución	払い戻し
devolver	返す
devoto(ta)	敬虔な
día	昼、日
día festivo	休日、祭日
día primero	1 日
diabetes	糖尿病
dialecto	方言
diamante	ダイヤモンド
diario	日記、新聞
diarrea	下痢
dibujo	模様（図柄）
diccionario	辞書
diciembre	12 月
diente	歯
diente picado	ムシ歯
dieta	ダイエット
diez	10

114

diez mil	万	
diferencia	差	
diferencia de horas...	時差	
diferente	違う	
difícil	むずかしい	
diminutivo	愛称	
dinero	お金	
dios	神	
dirección	住所、方角	
director(ra)	監督	
disco compacto	CD	
discoteca	ディスコ	
discriminación	人種差別	
disculparse	謝る	
diseñador	デザイナー	
diseño	デザイン	
disentería	赤痢	
disgustarse	嫌になる	
disminuir	減る	
distancia	距離	
distribuir	配達する	
distrito	郡	
divertido(da)	たのしい	
divertirse	たのしむ	
dividido por	割る（割り算）	
dividir	わける	
divisas	外貨	
divorcio	離婚	
doblar	折る（たたむ）、曲がる	
doce	12	
docena	ダース	
documento	書類	
documento de garantía	保証書	
dólar	ドル	
dolor	痛み	
dolor de cabeza	頭痛	
dolor de estómago	腹痛	
doloroso(sa)	苦しい	
domingo	日曜日	
donar	寄付する	
¿dónde?	どこ？	
dormir	寝る	
dormitorio	寮	
dos	2	
droga	麻薬	
duda	疑問、疑い	
dudar	疑う	
dueño(ña)	持ち主	
dulce	甘い、あめ玉、菓子	
dulex	セロテープ	
durar	つづく	
duro(ra)	固い、硬い、つらい	

E

¡Echale ganas!	がんばれ！
echar	入れる
echarse a perder	腐る
economía	経済
economía política	経済学
econímico	経済的な、お得な
Ecuador	エクアドル
ecuador	赤道
edad	年齢
edificio	建物、ビル
educación	教育
educación obligatoria	義務教育
educado(da)	行儀がいい
efectivamente	なるほど
efecto	効果
egoismo	わがまま
egoista	勝手な
ejemplo	例、見本、手本
ejercicio	練習、運動
ejército	軍隊
él	彼
El Salvador	エルサルバドル
elección	選挙
electricidad	電気
elefante	ゾウ
elegante	上品、優雅な
elevador	エレベーター
ella	彼女
ellos	彼ら
elogiar	ほめる
elote	とうもろこし
embajada	大使館
embajador(ra)	大使
embarazada	妊娠した
embarazo	妊娠
emborracharse	酔う
embotellamiento	渋滞
emergencia	緊急
emisión	放送
empezar	はじめる
empleado(da)	会社員
emplear	雇う
empleo	雇用
empresa	会社
empresario	企業家
empujar	押す
en caso de 〜	〜の場合
en seguida	すぐに
en verdad	実は
enamorar	恋に落ちる
enamorarse	恋する
encargar	あずける
encargarse	引き受ける
encendedor	ライター

encerrar	閉じ込める
encerrarse	閉じこもる
enchufe	コンセント
encogerse	縮む
encontrar	見つける
encuerro(ra)	はだかの
energía nuclear	原子力
enero	1月
enfermedad	病気
enfermedad contagiosa	伝染病
enfermedad mental	精神病
enfermedad venérea	性病
enfermera	看護婦
enfriarse	冷める
engañar	だます
enganche	頭金
enloqueserse	気が狂う
enojarse	怒る
enorugullecerse	自慢する
enrollar	巻く
ensalada	サラダ
enseñar	教える、見せる
ensuciarse	汚れる
entender	理解する
entrada	改札口、入り口、入場料
entrar	入る
entregar	わたす
entremés	前菜
entrenamiento	研修
entrevista	インタビュー
entumecerse	しびれる
entusiasmarse	夢中になる
entusiasmo	夢中
envace	容器
enviar	送る
envidiar	うらやましい
envolver	つつむ
epidemia	伝染病
equidad	公平
equipaje	荷物
equipo	チーム
era cristiana	西暦
error	まちがい
eructo	ゲップ
escalera	階段
escandaloso	うるさい
escenario	舞台
escoger	選ぶ
esconder	かくす
esconderse	かくれる
escribir	書く
escritor(ra)	小説家
escritorio	机
escuchar	聞く

escuela	学校	
escuela técnica	専門学校	
escultura	彫刻	
escupir	唾を吐く	
escupitajo	痰	
esforzarse	努力する	
eso	それ	
esos	それら	
espaguetis	スパゲッティー	
España	スペイン	
especia	香辛料	
especial	特別の	
especialidad	専攻	
especie	種類	
espejo	鏡	
esperar	待つ、〜を期待する	
espeso	濃い	
espíritu	霊	
esposa	妻	
esposo	夫	
esquí	スキー	
esquina	角	
esquisito	おいしい	
esta vez	今度（今回）	
estación	駅、季節、四季	
estacionamiento	駐車場	
estacionar	駐車する	
estadio	競技場	
estado grave	重態	
Estados Unidos de América	アメリカ合衆国	
estampilla	切手	
estar	〜である、居る、ある	
estar de buen humor	機嫌がいい	
estar de mal humor	機嫌が悪い	
estar de obra	工事中	
estatura	身長	
este	東、この	
Este de Asia	東アジア	
éste(ta)	これ	
estética	美容院	
estómago	胃	
estornudo	くしゃみ	
estrecho(cha)	せまい	
estrella	星、スター	
estrella fugaz	流れ星	
estreñimiento	便秘	
estricto(ta)	厳しい	
estudiante	学生	
estudiante extranjero	留学生	
estudiar	勉強する	
eternidad	永久	
eterno(na)	永遠の	
etnia	民族	

Europa	ヨーロッパ	
Europa del Este	東ヨーロッパ	
Europa Occidental	西ヨーロッパ	
evidencia	証拠	
evitar	避ける	
exacto(ta)	正確な	
exagerado(da)	おおげさ	
examen	検査、試験	
excepción	例外	
excepto 〜	〜以外	
excitarse	興奮する	
excursión	ピクニック、遠足	
excusa	弁解	
éxito	成功	
expedir de nuevo	再発行	
experiencia	経験	
explicar	説明する	
explotar	爆発する	
exportación	輸出	
expresamente	わざとらしい	
expresar	表現する	
exprimir	しぼる	
extender	広げる	
extensión	範囲、内線	
exterior	外	
extranjero	海外	
extranjero(ra)	外国人	
extraño(ña)	不思議な、アヤシイ	
extravagante	変わり者	
extremo	端	

F

fábrica	工場	
fabricar	製造する	
fácil	簡単な、易しい	
facilidad	簡単さ	
factura	請求書	
facultad	学部	
falda	スカート	
fallecer	死ぬ	
falso(sa)	ニセモノ	
familia	家族	
famoso(sa)	有名な	
fantasma	オバケ	
farmacia	薬局	
fastidiarse	うんざりする	
favor de 〜	〜してください	
favorito(ta)	好きな	
fax	ファックス	
febrero	2月	
fecha	日付け	
fecha de nacimiento	生年月日	
felicidad	幸福	
¡Felicidades!	おめでとう！	
feo(a)	みにくい	

ferretería	金物店	
ferri	フェリー	
ferrocarril	鉄道	
festivo	めでたい、お祝いの	
fideo	麺	
fideo instantáneo	インスタントラーメン	
fiebre	熱	
fiesta	パーティー、祭り	
figura	かたち、人物	
fila	列	
Filipinas	フィリピン	
filmar	撮影する	
fin	終わり	
fino(na)	薄い	
firma	サイン（署名）	
flaco(ca)	やせた	
flete	貨物	
flojo(ja)	怠け者、ゆるい	
flor	花	
florecer	咲く	
florero	花瓶	
flotar	浮く	
fluir	流れる	
folleto	パンフレット	
fondo	底	
formal	フォーマルな	
foto	写真	
fotocopiar	コピーをとる	
fotógrafo(fa)	写真家	
frac	モーニング	
fracaso	失敗	
fractura	骨折	
fragancia	いい香り	
Francia	フランス	
frase	フレーズ	
frecuentemente	しばしば	
freir	揚げる、炒める	
frente	正面	
fresa	イチゴ	
fresco(ca)	新鮮、すずしい	
frijol	マメ	
frío(a)	寒い、冷たい	
frontera	国境	
fruta	くだもの	
fruto	実	
fuego	火	
fuerte	丈夫、強い	
fuerza	力	
fumar	タバコを吸う	
función	公演	
funcionario(ria)	公務員	
fundar	設立する	
funeral	葬式	
fútbol	サッカー	
futuro	将来、未来	

G

gafas de sol	サングラス
gallina	ニワトリ（メス）
gallo	ニワトリ（オス）
ganar	勝つ、得する、儲ける
ganas de comer	食欲
ganga	掘り出し物
garage	ガレージ
garantía	保証
garantizador(ra)	保証人
garantizar	保証する
garganta	のど
gas	ガス
gasolina	ガソリン
gasolinería	ガソリンスタンド
gasto	費用
gastos de vida	生活費
gastrointestinal	胃腸の
gato	ネコ
generalmente	一般的に
genio	天才
geografía	地理
gerente	支配人
gimnacio	ジム
ginecólogo	産婦人科
gobierno	政府
golf	ゴルフ
golpear	たたく、なぐる
goma	輪ゴム
goma (de borrar)	消しゴム
gordo(da)	ふとった
gorra	キャップ（帽子）
gota	水玉
gotas para los ojos	目薬
grabar	録音する
gracia	恩
gracias	ありがとう
gracioso(sa)	ゆかいな
graduación	卒業
gramática	文法
gramo	グラム
grande (gran)	えらい、偉大な、大きい
grasa	脂肪
gratis	無料
grave	深刻な
gringo	アメリカ人
gripe	風邪
gris	灰色
gritar	さけぶ
grueso(sa)	厚い
guante	てぶくろ
guapo(pa)	ハンサムな（美人の）
guardar	しまう

guardia	警備員
Guatemala	グアテマラ
guerra	戦争
guía	ガイド、ガイドブック
guiar	案内する
gustar	気に入る

H

haber	ある
hábil	上手い
habitación	部屋
habitación doble	ツインルーム
habitación matrimonial	ダブルルーム
habitación sencilla	シングルルーム
hablador(a)	口が軽い
hablar	話す
hace un rato	さっき
hacer	行う、作る
hacer descuento	値引きする
hacer esfuerzos	努力する
hacerte ～	してあげる
hacienda	農園、荘園
Haití	ハイチ
halagador(a)	口が上手い
hallar	見つける、ある
hambre	空腹
hamburguesa	ハンバーガー
harina (de trigo)	小麦粉
hasta ～	～まで
hecho a mano	手作り
hecho en México	メキシコ製
helado	アイスクリーム
hembra	メス
hemorroides	痔
hepatitis	肝炎
herencia	遺伝
herida	傷、けが
herir	傷つける
hermana	姉妹
hermana mayor	姉
hermana menor	妹
hermano	兄弟
hermano mayor	兄
hermano menor	弟
héroe	英雄、ヒーロー
heroína	ヒロイン
hervir	沸かす
hielo	氷
hierba	草
hierro	鉄
hígado	肝臓、レバー
higiene	衛生
higiénico(ca)	衛生的
hija	娘
hijo	息子
hijo mayor	長男

hijo(ja) menor	末っ子
hijo(ja) único(ca)	ひとりっ子
hilo	糸
himno nacional	国歌
hinduismo	ヒンズー教
historia	歴史
hogar	家庭
hoja	葉
hoja de afeitar	カミソリ
hola	やあ
Holanda	オランダ
hombre	男、人間
hombre de negocios	実業家
hombro	肩
hondo(da)	深い
Honduras	ホンジュラス
Hong Kong	香港
hongo shiitake	シイタケ
hora	時間、時刻
hora de llegada	到着時刻
hora de salida	出発時間
horario	時刻表
horrible	こわい、ひどい
hospedarse	泊まる、滞在する
hospital	病院
hotel	ホテル
hoy	今日
hueco	穴
huerta	果樹園
hueso	骨
huésped	宿泊客
huevo	タマゴ
huir	にげる
humedad	人類
húmedo(da)	湿った
humo	けむり
humor	ユーモア
hundirse	しずむ

I

ida	片道
ida y vuelta	往復
idea	アイデア
ideal	理想
idioma	言語
iglesia	教会
igual	等しい
igualdad	平等
ilegal	違法な
imagen	イメージ、像
imaginar	想像する
imitar	マネる
impaciente	短気な
impedir la concepción	避妊する
impopular	人気がない
importación	輸入

117

importante.............	大切な
imposible	不可能な
impotencia	インポテンツ
impresión	印象
imprimir................	印刷する
impuesto	税金
impuesto de aeropuerto...............	空港税
impuesto sobre la renta................	固定資産税
incendio	火事
incienso	線香
incomodidad	不便
India.....................	インド
individuo	個人
Indonesia	インドネシア
industria	工業
industria manufacturera	製造業
inestabilidad..........	不安定
infantil	こどもの
infeliz	不幸な
inficaz	無効の
inflación	インフレ
inflamación	炎症
influencia	影響
información	情報
ingeniero(ra)	エンジニア
Inglaterra	イギリス
inglés	英語
ingrato(ta)	恩知らずな
ingreso.................	収入、入学
ingreso anual........	年収
inhábil	下手
iniciar	始める
inmigración	入国
inmobiliario(ria)	不動産の
inodoro.................	水洗トイレ
inseguro(ra)	治安が悪い
insertar................	はさむ
insignificante.........	くだらない
insomnio	不眠症
institución.............	施設
instrumento musical ...	楽器
insultar	ののしる、侮辱する
inteligente	かしこい
intercambio	交流
interesado(da)	興味がある
interesante...........	おもしろい
internacional	国際の
internet................	インターネット
interpretar	演奏する
intérprete	通訳
interrupción...........	中止
intestino	腸
inundación	洪水

investigar	研究する、調べる
invierno	冬
invitación..............	招待
invitar	誘う
inyección..............	注射
ir..........................	行く
ir a la escuela	進学する
irresponsable........	いいかげんな
irritarse.................	イライラする
isla	島
islam	イスラム教
IVA(impuesto de valor agregado).......	付加価値税
izquierda	左

J

jabón....................	セッケン
jade......................	ヒスイ
jalar......................	ひっぱる、引く
Japón	日本
japonés	日本語、日本人、日本の
jardín....................	庭
jardín botánico	植物園
jarra	瓶（カメ）、ピッチャー
jazz	ジャズ
jefe(fa)	上司
jirafa.....................	キリン
jitomate	トマト
joven	若者、若い
joya	宝石
joyería..................	宝石店
jubilación..............	退職
juego....................	ゲーム、セット
jueves	木曜日
jugador(ra)	選手
jugar	遊ぶ
jugo	ジュース
juguete.................	おもちゃ
juguetería.............	おもちゃ屋
juicio	裁判
julio	7月
junio	6月
junta	会議（集会）
juntar	集める
juntos(tas)............	一緒に
justicia..................	正義
justo(ta)...............	ちょうど

K

kilogramo	キログラム
kilómetro	キロメートル

L

la mañana.............	午前、朝

la tarde.................	午後
labio	くちびる
lado......................	横
ladrón(a)	ドロボウ
lagartija	トカゲ
lago......................	湖
lágrimas	なみだ
lamentable	惜しい、残念な
lámpara................	ランプ、電灯
lana......................	ウール
lancha	ボート
lanzar...................	投げる
lápiz	エンピツ
lápiz labial	口紅
larga distancia	長距離
largo(ga)	長い
lata......................	缶詰、アルミ
Latinoamérica.......	ラテンアメリカ
lavado en seco	ドライクリーニング
lavandería	クリーニング
lavar.....................	洗う、洗濯する
lavarse la cara	洗顔する
leche	牛乳
lechuga.................	レタス
lechuga china	白菜
lectura..................	読書
leer......................	読む
lejos	遠い
lengua..................	言語、舌
lenguaje................	言語
lenguaje hablado ...	口語
lenguaje literario ...	文語
lente.....................	レンズ
lente de contacto...	コンタクトレンズ
lentes	メガネ
lento(ta)	遅い（速度を）、ゆっくり
letra.....................	文字、歌詞
letrero	掲示
levantar................	起こす
levantarse	立つ、起きる
ley	法律
ley marcial	戒厳令
liberalización.........	自由化
liberar..................	解放する
libertad.................	自由
libre de impuestos ...	免税
librereria................	本屋
libreta..................	ノート
libro.....................	本
libro de texto	教科書
licencia de conducir...	運転免許証
ligero(ra)	軽い
lima......................	レモン
límite	制限
limón....................	ライム

limpiar	そうじをする	mañana por la mañana	明日の朝
limpieza	そうじ	mañana por la noche	明晩
limpio(a)	清潔な	mañana por la tarde	明日の午後
línea	線	mandar	送る
linterna	懐中電灯	mandar a ～	～させる
listo(ta)	りこうな	manejar	経営する
literatura	文学	manera	方法
llamada	電話	manguera	ホース
llamada internacional	国際電話	manicur	マニキュア
llamar	呼ぶ、電話する	mano	手
llamativo(va)	ハデな	manta	毛布
llanta	タイヤ	mantel	テーブルクロス
llave	カギ	mantener	維持する
llegar	到着する	mantequilla	バター
llegar a tiempo	まにあう	manzana	リンゴ
llegar tarde	遅刻する	mapa	地図
llenar	記入する	maquillaje	化粧
lleno(na)	混雑している、いっぱいの、満腹	maquillarse	化粧する
llevar	持っていく、運ぶ	máquina	機械
llorar	泣く	mar	海
llover	雨が降る	maravilloso(sa)	すばらしい
lluvia	雨	marearse	船酔いする
lobby	ロビー	mareo	めまい、酔い
lógico(ca)	あたり前	marido	夫
loma	坂	marina(de guerra)	海軍
lonche	弁当	marinero	船員
lonchería	軽食堂	mariposa	チョウ
lotería	宝くじ	marrón	茶色
luchar	たたかう	martes	火曜日
lugar	場所、～等（順位）	marzo	3月
lugar turístico	観光地	más o menos	およそ
lujoso(sa)	豪華な	masaje	マッサージ
luna	月（天体）	máscara	面（お面）
luna de miel	新婚旅行	masturbación	オナニー
lunes	月曜日	matar	殺す
luz	電灯、ひかり	matemática	数学
		materia	材料

M

macho	オス	matrícula	ナンバープレート
madera	木	matrimonio	夫婦
madre	母	máximo(ma)	最大
maestro(ra)	教師	mayo	5月
mafia	ヤクザ、マフィア	mayor	年上の
magia	マジック（魔法）	mayoreo	卸売り
magnifico(ca)	すばらしい	medianoche	真夜中
maíz	トウモロコシ	medias	ストッキング
mal educado	態度が悪い	medicamento	クスリ
Malasia	マレーシア	medicina	クスリ
malentender	誤解する	medicina china	漢方薬
maleta	スーツケース	médico(ca)	医者
maletero	ポーター	medida	寸法
malo	まずい（食物）	medio	方法、半分
malo(la)	悪い	medio ambiente	環境
mañana	明日	medio año	半年

mediodía	正午
medir	はかる
mejilla	ほほ
mejor	よりよい
mejorar	改良する
melancolía	ゆううつ
melodía	メロディー
melón	メロン
mendigo(ga)	こじき
menor	年下の
mensaje	伝言
mensajero	郵便配達
menstruación	月経
mente	精神
mentira	ウソ
mentiroso	うそつき
menú	メニュー
menudeo	小売り
mercado	市場
mercancía	商品
mérito	長所
mermelada	ジャム
mes	月（日時）
mes pasado	先月
mesa	テーブル
mesera	ウエイトレス
mesero	ウエイター
meta	目標
metro	メートル、地下鉄
mezclilla	ジーンズ
mi	私の
micro	ミクロ（乗り合いバス）
microbio	細菌
microbús	マイクロバス
micrófono	マイク
miel	ハチミツ
miembro	会員
miércoles	水曜日
mierda	糞
migración	出入国
mil	千
militar	軍人
millonario	大金持ち
minifalda	ミニスカート
mínimo(ma)	最小
Ministerio de Relaciones Exteriores	外務省
minoría étnica	少数民族
minusválido(da)	身体障害者
minuto	分（時間）
mío	私の
miopía	近眼
mirar	見る
mismo(ma)	同じ
mitad	半分

ll → mi

119

mitad del día	半日
moco	鼻くそ
mocoso	はなたれ
moda	ブーム、ファッション、流行
modernización	近代化
mojarse	濡れる
molestar	じゃまをする
molestia	迷惑
molesto(ta)	わずらわしい
moneda	硬貨、通貨
monedero	サイフ
monje	僧侶
mono	サル
montaña	山
montar	乗る
morado	むらさき
morder	噛む
mordida	賄賂
moreno(na)	褐色の人
morir	死ぬ
mosca	ハエ
mosquito	蚊
moto(cicleta)	オートバイ
motor	エンジン
muchacha	少女
muchacho	男の子
muchas veces	しばしば
mucho(cha)	たくさん
mudanza	引っ越し
mudarse	ひっこす
muelle	船着場
muestra	見本
mujer	女性、妻
mujeriego	女たらし
multa	罰金
mundo	世界
muñeco	人形
muro	塀
músculo	筋肉
museo	博物館
museo de bellas artes	美術館
música	音楽
música folklórica	民族音楽
musulmán(na)	イスラム教徒
muy	たいへん
muy raro	めったに〜ない

N

nabo japonés	大根
nacer	生まれる
nacional	国内の
nacionalidad	国籍
nadar	泳ぐ
napa	白菜

naranja	オレンジ
nariz	鼻
natación	水泳
natural	自然な
naturaleza	自然
Navidad	クリスマス
necesitar	必要とする
negar	断る、否定する、拒絶する
negociar	交渉する
negocio	商売
negro(ra)	黒人、黒い
nene(na)	あかちゃん
nervio	神経
nervioso(sa)	神経質な
nevar	雪が降る
Nicaragua	ニカラグア
niebla	霧
nieto(ta)	孫
nieve	雪、シャーベット
niño(ña)	こども
níquel	ニッケル
no	いいえ
No entrar	立入り禁止
No estacionarse	駐車禁止
no flash	フラッシュ禁止
no hay de qué	どういたしまして
no hay problema	だいじょうぶ
noche	夜
nombre	名前
nombre y apellido	氏名
normal	普通
norte	北
nosotros	私たち
nostálgico(ca)	なつかしい
noticia	ニュース
noticiero	ニュース番組
novela	小説
noviembre	11月
novio(via)	恋人
nube	雲
nublado	くもり
nuestro	私たちの
nueve	9
nuevo(va)	新しい
número	数字、数、番号
número de asiento	座席番号
número de cuenta	口座番号
número de identificación	暗証番号
número de pasaporte	旅券番号
número de teléfono	電話番号

O

o	あるいは
objetivo	目的

objeto	もの
obligar a 〜	〜させる
obra	作品、工事
obra de arte	芸術品
obrero(ra)	労働者、工員
observar	見る、観察する
obtener	得る
occidental	西洋人、西洋の
occidente	西洋
Occidente	西欧
ocho	8
octubre	10月
oculista	眼科医
ocupado(da)	忙しい
oeste	西
oferta	安売り
oficina	事務所
oftalmología	眼科
oído	耳
ojo	目
ola	波
oler	におう
olla	ナベ
olvidar	忘れる
ombligo	へそ
once	11
operación	手術
operación estética	エステ
operar	操作する
opilativo	下痢止め
opinión	意見
oponerse a	反対する
oportunidad	機会
oración	文章、祈り
oreja	耳
organización	団体
órgano	器官
orgullo	誇り
oriental	東洋人、東洋の
Oriente	東洋
original	個性的な
orina	尿
oro	金
oro puro	純金
oscuro(ra)	暗い
oso	クマ
otoño	秋
otorrinolaringología	耳鼻咽喉科
otra vez	ふたたび
otro día	先日
otro lado	反対側
otro(ra)	ほかの

P

pachanga	パーティー
paciente	患者

paciente	気が長い、辛抱強い	
padre	父、神父、	
	最高の、いかす	
padres	親（両親）	
pagar	勘定をする、払う	
página	ページ	
pago	支払	
pago anticipado	前払い	
pago mensual	月賦	
país	国	
país en desarrollo	発展途上国	
país extranjero	外国	
paisaje	景色	
paisano	同郷人、同国人	
pájaro	鳥	
palabra	ことば	
palillos	箸	
palma	ヤシ	
paloma	鳩	
palomitas	ポップコーン	
pan	パン	
pan tostado	トースト	
panadería	パン屋	
Panamá	パナマ	
pantalones	ズボン	
pañuelo	ハンカチ、	
	スカーフ	
papa	ジャガイモ	
papagayo	オウム	
papalote	凧	
papel	紙、役	
papel de baño	トイレットペーパー	
papita	ポテトチップ	
paquete	小包、パックツアー	
para	〜行き、〜のため	
para siempre	いつまでも	
paraguas	傘	
Paraguay	パラグアイ	
parar	止まる	
parástio	寄生虫	
parche	湿布	
parecerse	似ている	
pared	壁	
pariente	親戚	
parilla	バーベキュー	
parir	出産する	
parque	公園	
parque de diversiones	遊園地	
parque nacional	国立公園	
parte	部分	
particular	独特の	
partido	試合、政党	
partir	出発する	
parto	出産	
pasado	過去	

pasado de moda	時代遅れ	
pasado mañana	あさって	
pasajero(ra)	乗客	
pasaporte	パスポート	
pasar	越える、通過する、	
	通る、わたる	
pasear	散歩する	
pasillo	廊下	
pasta	パスタ、ペースト	
pasta de dientes	ハミガキ粉	
pastel	ケーキ	
pastilla	錠剤	
pastor	牧師	
patear	ける	
patinar	すべる	
patio	中庭	
pato	アヒル	
pato silvestre	鴨	
patriotismo	愛国心	
pavo	七面鳥	
pavo real	クジャク	
paz	平和	
pecado	罪	
pecho	胸	
pedir	頼む、注文する	
pedir prestado	借りる	
pegar	くっつける、	
	貼る、たたく	
pegarse	くっつく	
peinado	ヘアスタイル	
peine	くし（櫛）	
pelearse	ケンカする	
película	映画	
peligroso(sa)	あぶない	
pelo	髪、毛	
peluche	ぬいぐるみ	
peluquería	床屋	
pendiente	イヤリング	
península	半島	
pensamiento	考え	
pensar	思う、考える	
pensión	年金	
pepino	キュウリ	
pequeño(ña)	小さい	
perder	失う、なくす、	
	負ける	
perderse	迷う	
perdón	ごめんなさい	
perfume	香水	
perfumería	香水店	
perico	インコ	
periódico	新聞	
periodista	ジャーナリスト、	
	記者	
período	期間	
perla	真珠	

permanente	パーマ	
permiso	許可	
pero	しかし	
perro	犬	
perseguir	追う	
persona	人	
Perú	ペルー	
pesado(da)	重い、しつこい	
pesca	釣り	
pescado	魚（食材）	
pescado crudo	刺身	
pesero, pesera	ペセロ	
	（乗り合いバス）	
pésimo(ma)	最悪	
peso	重さ、体重	
petróleo	石油	
pez	魚（生き物）	
piadoso(sa)	敬虔な	
piano	ピアノ	
picada	ムシ刺され	
picante	辛い	
picoso(sa)	辛い	
pie	足	
piedra	石	
piel	皮、皮膚、毛皮	
pierna	脚	
pila	電池	
pimienta	コショウ	
pimiento	ピーマン	
pintar	絵を描く、塗る	
pintarse	化粧する	
pintura	絵画	
pipí	おしっこ	
piso	〜階、床	
pito	笛	
placa	ナンバープレート	
plan	計画、予定	
plancha	アイロン	
planchar	アイロンをかける	
planeta	惑星	
planta	植物、工場	
planta baja	1階	
planta nuclear	原子力発電所	
plástico	ビニール、	
	プラスチック	
plata	銀	
plátano	バナナ	
platería	銀製品店	
platicar	話す	
platino	プラチナ	
plato	皿	
playa	ビーチ	
playera	Tシャツ	
plaza	広場	
plaza de armas	中央広場	
pluma	ペン	

pa → pl

plumón	マジック	presupuesto	予算	pulmonía	肺炎
población	人口	pretender	目指す	pulpo	タコ
pobre	貧乏な、かわいそうな	prevenir	防止する	pulsera	ブレスレット
pobrecito(ta)	かわいそう	primaria	小学校	pulso	脈拍
poder 〜	できる	primavera	春	puntual	時間通りの
podrirse	腐る	primer(a)		purgante	下剤
poesía	詩	ministro(tra)	首相	puro	葉巻
poeta	詩人	primera hija	長女	puro(ra)	純粋
policía	警察、警察署、警察官	primero(ra)	最初の	puta	売春婦
política	政治	princesa	お姫様		
política exterior	外交	prisa	急ぐこと		

Q

¿qué?	なに？
quedarse	泊まる
quehaceres	
domésticos	家事
quejas	苦情
quejarse	苦情を言う
quemadura	ヤケド
quemar	焼く
quemarse	こげる、日焼けする、燃える
querer	欲しい、愛する
querido(da)	恋しい
queso	チーズ
¿quién?	だれ？
química	化学
quincena	半月
quinto	五番目
quitarse	脱ぐ
quizás	たぶん

R

rabia	狂犬病
radio	ラジオ
ragalo	贈り物
rana	カエル
rancho	農場、農園
rap	ラップ（音楽）
rápido(da)	速い
raro(ra)	奇妙な
rascacielo	高層ビル
rascar	掻く
rasurador	ヒゲそり
ratón	ネズミ
raya	縞
rayos x	レントゲン
raza	人種
razón	理由
rebajar	値引きする
recámara	寝室
recepción	受付、フロント
rechazar	断る、否定する、拒絶する
recibir	むかえる、受け取る
recibo	領収書
recién 〜	〜したばかりの

político(ca) ...... 政治家
pollo ...... とり肉
polvo ...... ホコリ
poncharse ...... パンクする
poner ...... 置く
ponerse ...... 着る、履く
popó ...... うんち
popote ...... ストロー
popular ...... 人気がある
por ejemplo ...... たとえば
por favor ...... お願いします
por nada ...... どういたしまして
por primera vez ...... 初めて
por qué? ...... なぜ？
por sí mismo ...... 自分で
por supuesto ...... もちろん
pornográfico(ca) ... わいせつな
porque ...... なぜならば
Portugal ...... ポルトガル
posibilidad ...... 可能性
posible ...... 可能な
posponer ...... 延期する
poster ...... ポスター
postre ...... デザート
precaución ...... 注意
precio ...... 値段
precios ...... 物価
preferido(da) ...... 好きな
pregunta ...... 質問
prejuicio ...... 偏見
premio ...... 賞、賞品
preocuparse ...... 気になる、心配する
preparar ...... 準備する
preparatoria ...... 高校
presbicia ...... 老眼
presentar ...... 紹介する
preservativo ...... コンドーム
presidente(ta) ...... 社長、大統領
presión alta ...... 高血圧
presión arterial ...... 血圧
presión baja ...... 低血圧
préstamo ...... ローン
prestar ...... 貸す

privado(da) ...... 私立
probar ...... 味見する、試着する、ためす
problema ...... 問題
problemas
ambientales ...... 環境問題
procedencia ...... 原産地
producir ...... 生産する
profesional ...... プロ
profesor(ra) ...... 先生、教授
profundo(da) ...... 深い
prohibición ...... 禁止
prohibido ...... 禁止された
prolongar ...... 延長する
promedio ...... 平均
promesa ...... 約束
pronóstico ...... 予想、予報
pronóstico
del tiempo ...... 天気予報
pronto ...... まもなく
pronunciación ...... 発音
propaganda ...... 広告
proporción ...... 比率
propuesta ...... 提案
prosperidad ...... 繁栄
prostitución ...... 売春
prostituta ...... 売春婦
protagonista ...... 主人公
protección ...... 保護
proteger ...... 守る
protestar ...... 抗議する
provincia ...... 県
próximo(ma) ...... つぎの
prueba ...... 証拠、試験
publicar ...... 発行する
pueblo ...... 国民、村
puente ...... 橋
puerco ...... ブタ
puerta ...... 門、ドア
puerto ...... 港
pues ...... ところで
puesta del sol ...... 夕日
puesto ...... 屋台
pulir ...... みがく
pulmón ...... 肺

122

recoger	片づける	
recomendación	推薦	
recompensar	弁償する	
reconocer	みとめる	
recordar	思い出す	
recordarse de	思い出す	
recto(ta)	まっすぐ	
recuerdo	思い出、記念品	
recuperarse	回復する	
recursos	資源	
redondo(da)	まるい	
refrán	ことわざ	
refrigeración de aire	冷房	
refrigerador	冷蔵庫	
refugiados	難民	
regadera	シャワー	
regalar	贈る	
regalo	プレゼント、おみやげ	
regañar	しかる	
región	地方	
registrar	登録する	
regla	規則、生理	
regresar	帰る	
reina	女王	
reír	わらう	
relación	関係	
religión	宗教	
reloj	時計	
remitente	差出し人	
rencor	うらみ	
rentacar	レンタカー	
reparar	修理する	
repelente	ムシよけ	
repetir	くり返す、おかわりする	
representante	代理人	
resbalar	すべる	
reservación	予約	
resistir	耐える	
resolver	解決する	
respetar	尊敬する	
respirar	吸う	
responder	答える	
responsabilidad	責任	
responsable	責任がある	
respuesta	返事	
restaurante	レストラン	
resto	のこり	
restricción	制限	
resultado	成績、結果	
retirarse	引退する	
retiro	退職	
reunión	会議（会合）	
reunirse	集まる	
revelado	現像	

revelar	現像する	
reverso	裏	
revista	雑誌	
revolución	革命	
revolver	かきまぜる	
rey	王様	
rezar	祈る、おがむ	
rico(ca)	金持ち、おいしい、豊かな	
riñon	腎臓	
río	川	
robar	盗む	
robo	盗難	
rock	ロック	
rojo(ja)	赤い	
rollo	フィルム	
rollo a color	カラーフィルム	
romper	こわす、破る、割る	
romperse	故障する、壊れる	
ropa	服	
ropa interior	下着	
ropa usada	古着	
rosado	ピンク、ロゼ	
rubio(bia)	金髪の	
ruido	騒音	
rueda	輪	
ruidoso	うるさい	
ruinas	遺跡	
Rusia	ロシア	

S

sábado	土曜日	
sábana	シーツ	
saber	知っている	
sabor	味、フレーバー	
sabroso(sa)	おいしい	
sacar	取り出す、引き出す	
sacrificio	犠牲	
sake	酒	
sal	塩	
sala	居間	
sala de espera	待合室	
salado(da)	塩からい	
salario	給料	
salida	出口、出発、チェックアウト	
salida de emergencia	非常口	
salida del país	出国	
salida del sol	日の出	
salir	出る、出かける、出発する、発車する	
salsa	ソース	
salsa de soya	しょうゆ	
salud	健康、乾杯	
saludo	あいさつ	
sandalia	サンダル	

re → se

sandía	スイカ	
sandwich	サンドイッチ	
sangrar	出血する	
sangre	血	
sanitario	公衆トイレ	
sarcástico(ca)	口が悪い	
sartén	フライパン	
sátira	風刺	
satisfecho(cha)	満足している、満腹	
sauna	サウナ	
secar	乾かす、干す	
secarse	乾く	
sección amarilla	職業別電話帳	
seco(ca)	乾燥した	
secretaria	秘書	
secreto	秘密	
secundaria	中学校	
sed	のどの渇き	
seda	絹	
seguir	続ける	
segunda clase	2等	
Segunda Guerra Mundial	第2次世界大戦	
segunda hija	次女	
segundo	二番の	
segundo hijo	次男	
seguridad	安全	
seguridad social	社会保障	
seguro	保険	
seguro social	社会保険	
seguro(ra)	治安がいい	
seis	6	
sello	印鑑	
semáforo	信号	
semana	週	
semana pasada	先週	
semana santa	聖週間、イースター	
señalar	指す	
sencillo(lla)	シンプルな、地味な	
señora	奥さん	
sensual	セクシー	
sentarse	すわる	
sentido	感覚、方角	
sentimiento	感情	
sentirse bien	気分がいい	
sentirse mal	気分が悪い	
sentirse solo(la)	さびしい	
separarse	わかれる	
septiembre	9月	
seres humanos	人間	
serio(ria)	まじめ	
serpiente	ヘビ	
servicio	サービス、施設	
servir	役に立つ	
sesguro(ra)	確かな（sure）	
severo(ra)	厳しい	

se→to

sexo	性
sí	はい（肯定）
si ～	もし～ならば
SIDA	エイズ
siempre	いつも
sierra	山脈
siete	7
siglo	世紀
significado	意味
signo	サイン（合図）、星座
silbato	口笛
silla	イス
sin	～なしで
sin compromiso	遠慮なく
sinceridad	正直、誠意
sincero(ra)	正直な
Singapur	シンガポール
sirope	シロップ
situación	状況、ようす
smoking	タキシード
soberbio(bia)	いばった
soborno	わいろ
sobre	封筒
sobre ～	～について
sobrio(ria)	地味な
sociedad	社会
sociedad anónima, S.A.	株式会社
socio(cia)	会員、パートナー
sofá	ソファー
sol	太陽
soldado	兵士
soledad	孤独
solicitud	申し込み
solitario(ria)	孤独な
solo(la)	ひとりで
soltero(ra)	独身
sombra	かげ、日陰
sombrero	ぼうし
sombrilla	傘
sonar	鳴る
soñar	夢を見る
sonido	音
sonrisa	ほほえみ
sopa	スープ
sorprenderse	おどろく
sospechar	疑う
sospechoso(sa)	あやしい
sótano	地下室
souvenir	みやげ
su	あなたの、彼の、彼女の、彼らの、あなた達の
suave	やわらかい
subir	上げる（上に）、登る
subterráneo	地下の

sucio(cia)	汚い
sucursal	支店
Sudamérica	南アメリカ
sudadera	トレーナー、フリース
sudor	汗
sueldo	給料
suelo	床、地面
sueño	夢、眠気
suerte	運
suéter	セーター
suficiente	充分な
sufrir	苦労する
Suiza	スイス
superficie	面積、表面
supermercado	スーパーマーケット
superstición	迷信
suplemento	追加
suponer	仮定する
supremo(ma)	最高の
sur	南
surf	サーフィン
sustantivo	名詞
sustituir	代わる

T

tableta	タブレット、錠剤
taco	タコス
talento	才能
talla	寸法、サイズ
tallar	掘る
taller	仕事場、アトリエ、作業場
tamaño	大きさ
tanque	戦車
tapa	フタ
taquería	タコス屋
taquilla	チケット売場
tarde	遅い（時間が）
tarea	宿題
tarifa	運賃
tarjeta	カード
tarjeta de crédito	クレジットカード
tarjeta de débito	キャッシュカード
tarjeta de inmigración	入国カード
tarjeta de presentación	名刺
tarjeta postal	絵葉書
tasa	レート
taxi	タクシー
taza	茶碗
té	茶
té (negro)	紅茶
té de limón	レモン茶
té de tila	リンデン茶
teatro	劇、劇場

techo	天井
teclado	キーボード
técnica	技術
teja	瓦
tejido	織物
tela	布
teléfono	電話
teléfono público	公衆電話
telescopio	望遠鏡
televisión	テレビ
temperatura	温度
templado(da)	温かい
templo	寺院
temporal	臨時
temprano	早い
tenedor	フォーク（食器）
tener	持っている
teñir	染める
tenis	テニス、スニーカー
tercero	三番目
terminal	ターミナル
terminar	終わる
término	期限
termómetro	体温計
terreno	土地
terrible	ひどい
territorio	領土
testículo	睾丸
testigo	証人
tétanos	破傷風
textil	織物
tía	おば
tianguis	青空市場
tiempo	時間、天気
tiempo libre	余暇
tienda	店
tierno(na)	やわらかい
tierra	地球、土、陸地、土地
tierra natal	故郷
tifón	台風
tigre	トラ
timbre	切手、ベル
tímido(da)	気が小さい
tina	バスタブ
tintorería	クリーニング
tío	おじ
tipo	タイプ、型
tipo de cambio	為替レート
tipo de sangre	血液型
tirar	捨てる、引く
titimania	ロリコン
título	資格、題名
toalla	タオル
toalla sanitaria	生理用ナプキン
tocador	トイレ

124

tocar	演奏する、さわる、たたく
toda la vida	一生
todavía	まだ
todo el mundo	全員
todo(da)	すべて
tomador(ra)	酒飲み
tomar	飲む、乗る、取る
tonto(ta)	バカ
torcerse	ネンザする
toronja	グレープフルーツ
torpe	にぶい
torre	塔
tortilla	トルティージャ
tortuga	カメ
tos	咳
trabajador(ra)	労働者
trabajar	働く
trabajo	仕事
trabajo temporal	アルバイト
tradicional	伝統的
traducción	翻訳
traducir	通訳・翻訳する
traductor(ra)	翻訳者
traer	持ってくる
tráfico	交通
tragón(na)	食いしん坊、大食い
traicionar	裏切る
traje	スーツ
traje de baño	水着
trámite	手続き
tranquilizarse	安心する
tranquilo(la)	おとなしい、静かな
transportar	はこぶ
trapo	雑巾
trasbordar	乗りかえる
trasladar	移す
traste	食器
tratado	条約
tratamiento médico	治療
travesura	いたずら
tren	電車
tren rápido	急行列車
tres	3
triángulo	三角
triste	悲しい
trovador(a)	吟遊詩人
tú	君
tuberculosis	結核
tumba	墓
tumbarse	倒れる
túnel	トンネル
tur	ツアー
tur conductor	添乗員
turismo	観光
turista	観光客

U

úlcera	潰瘍
últimamente	最近
último(ma)	最後の、最新の
un poco	少し
uña	ツメ
único(ca)	唯一の
unilateral	一方的な
unir	むすぶ
universidad	大学
universitario(ria)	大学生
universo	宇宙
uno/una/un	1
urgencia	急用
urgente	緊急の
urticaria	じんましん
Uruguay	ウルグアイ
usar	使う
usted	あなた
ustedes	あなたたち
utilizar	使う、利用する
uva	ブドウ

V

vaca	ウシ
vacación	休暇
vacación de verano	夏休み
vacuna	ワクチン
vagón	車両
vagón restaurante	食堂車
valer	値打ちがある
valioso(sa)	価値のある
valor	価値
varios	いろいろな
vaso	コップ
veces	～倍
vecindad	近所
vecino	隣、近所
vela	ロウソク
velocidad	スピード
vendedor automático	自動販売機
vendedor(ra)	セールスマン、店員、売り子
vender	売る
veneno	毒
Venezuela	ベネズエラ
venir	来る
ventaja	長所
ventana	窓
ventanilla	窓口
ventilador	扇風機
ver	見る、会う
ver a　～	～と会う
verano	夏
verdad	真実

verdaderamente	ほんとうに
verde	緑、わいせつな
verdulería	八百屋
verdura	野菜
vergüenza	はずかしい
vertical	縦の
vértigo	めまい
vestirse	着る
vestirse bien	オシャレする
vez	～回
viaje	旅行
viajero(ra)	旅行者
victoria	勝利
vida	いのち、生活
videocasetera	ビデオデッキ
vidrio	ガラス
viejo(ja)	年取った、古い
viento	風
viernes	金曜日
Viet Nam	ベトナム
vigencia	有効期限
vinagre	酢
vino	ワイン
vino blanco	白ワイン
vino tinto	赤ワイン
violación	違反
virgen	処女
virreinato	副王領
virrey	副王
visa	ビザ
visitar	訪れる
vivir	住む、いきる
volante	ハンドル
volar	飛ぶ
volcán	火山
voltaje	電圧
voluntario(ria)	ボランティア
volver a ver	再会する
vomitar	吐く
vomito	吐き気
voz	声
voz alta	大きな声
voz baja	小さな声
vuelo	飛行機の便
vuelo charter	チャーター便
whisky	ウイスキー
y	そして
ya	すでに
yate	ヨット
yen	円
yo	私
zapatería	靴屋
zapato	靴
zócalo	ソカロ (中央広場)
zona	地区
zona franca	免税区
zoológico	動物園

to → zo

Guía de conversación para los mexicanos que viajan en Japón

Traten de pronunciar las parablas japonesas señalando las letras con los dedos.
¡Las conversaciones en japonés enriquecerán su visita a Japón!

日本のみなさんへ

このページは日本を旅行するメキシコ人向けに作られています。
メキシコ人に話しかけられたら、参照先ページの言葉を指さして会話してみてください。

（日本語の発音はメキシコスペイン語向けの表記になっています）

Hola	Adiós	Soy mexicano/mexicana.	Me llamo ____.
Kon nichi wa	Saionara	Watashi wa mekishiko yin desu.	Watashi no namae wa ____ desu.
こんにちは	さようなら	私はメキシコ人です	私の名前は〜です

→P⑳
saludos
あいさつ

→P㉒
cómo presentarse
自己紹介

Esta es mi primera visita a Japón.	Me gusta el anime japonés (comida japonesa).	Estoy disfrutando mucho este viaje.
Hayimete nijon ni kimashita.	Nijon no anime (riori) ga suki desu.	Kono rioko wa totemo tanoshii desu.
初めて日本に来ました	日本のアニメ（料理）が好きです	この旅行はとても楽しいです

→P㉛
cultura japonesa
日本の文化

Sí	Gracias		Disculpe.
Jai	Arigatou		Sumimasen.
はい	ありがとう		すみません
No	No entiendo.	Entiendo.	Un momento, por favor.
I-i-e	Wakarimasen.	Wakarimasu.	Chotto matte kudasai.
いいえ	わかりません	わかります	ちょっと待ってください

Quiero ir a ____.	estación	restaurante	hotel	baño
____ ni iki tai desu.	eki	restoran	joteru	toire
〜に行きたいです	駅	レストラン	ホテル	トイレ

→P⑩
pasear por
la ciudad
街を歩く

Tengo una reserva a nombre de ____.	No tengo reserva.	Quiero pagar con tarjeta (en efectivo).
____ de yoyaku shite imasu.	Yoyaku shite imasen.	Kureyitto card (genkin) de jarai tai desu.
〜（名前）で予約しています	予約していません	クレジットカード（現金）で払いたいです

→P⑧
en el aeropuerto y hotel
空港→宿

→P㉖
números y dinero
数字とお金

Quiero comprar 〜.	¿Cuánto cuesta?	¿Alguna recomendación?
〜 o kai tai desu.	Ikura desu ka?	Osusume wa ari masu ka?
〜を買いたいです	いくらですか？	おすすめはありますか？

→P㉘
compras/colores
買い物・色

Estoy con un problema.	Estoy buscando ____ (mi objeto perdido).
Komatte imasu.	____ (wasure mono) o sagashite imasu.
困っています	〜（忘れ物）を探しています

→P⑦⓪
cuerpo y estado de salud
体と病気

→P⑦②
en el hospital y farmacia
病院と薬局

→P⑦④
problemas トラブル

126

あとがき

　飛行機がメキシコシティ上空にさしかかり、高度を下げ始めたとたん、機内に充満してくるスモッグのにおい。「メキシコに戻ってきたんだ」という実感がじわじわと湧いてくる瞬間です。かつて私が暮らしたこの街は、2000万人もの人口を抱える世界最大の都市。メキシコには、世界でも最悪といわれる大気汚染すら懐かしいと思わせてしまうほどの、大きな大きな魅力があるのです。

　この本の最初にあるメッセージには、"Como México no hay dos"（メキシコのような国はふたつとない）というフレーズが入っています。これはメキシコ人であることにこの上ない誇りを持っている彼らがよく口にする、最上級のお国自慢で、メキシコの魅力を見事に語り尽くしています。そして一度この国を知ってしまったら最後、気づいたときには自分までがメキシコを自慢せずにはいられなくなっているのがメキシコのすごいところです。

　そんなメキシコ自慢が高じて、生きたメキシコの「今」の姿をほかの人たちにも伝えていきたいという思いを胸に秘めたオンナ4人が結成したのが、コララテです。その活動については著者紹介にありますので、ここでは簡単にメンバー紹介を。フリーライター兼OLとしてメキシコに舞い戻ったotokita（森脇音可）。かねてから「将来はロバと暮らす」ことを夢見る、ウルグアイ駐在中のchiaki（松永千晶）。関西＋ラテンという濃厚な血を合わせ持つ、人材派遣会社勤務のaya（浅野彩）。翻訳・マニュアルライティングの仕事とコララテミッションを両立すべく脱サラを決行したkanae（棚橋加奈江）。

　生の生活体験を通じて触れたひとつひとつのリアルな「メキシコ」。遺跡・リゾートや食べ物からそこに暮らす人びとまで、旅行者としてだけでなく生活者としてもメキシコを楽しんでほしい。だから、4人の体験を総動員して、コララテならではの視点からその魅力を余すところなくぎゅっと濃縮して盛り込んでみました。この「濃縮版メキシコ」をあなたの旅の長さや目的に合ったちょうどいい濃さに加減して、いろんな角度からじっくりとメキシコを味わってみてください。たとえば第2部の冒頭で紹介しているのは、otokitaが5年間に及ぶ生活の中で得た、あくまでひとつのメキシコ体験です。この『旅の指さし会話帳』を手に旅すれば、あなたもまた自分でしか語れない体験を、きっとたくさん手に入れられるはずです。¡Buen viaje!（よい旅を！）

コララテを代表して　kanae

第二版に寄せて
初版刊行から長い時間が経ち、指さしメキシコ編も改訂という大きな節目を迎えました。これまでも時流の変化に合わせて細かな変更を加えてきましたが、今回は最新情報への大幅アップデートに加え、新しい試みとして日本に来てくれるメキシコ人向けのコンテンツも追加しました（p.126）。ぜひ、日本を旅行中のメキシコ人にも指さし片手に話しかけてみてください。今後も、メキシコ在住のメンバー二人からの生活情報も交えながら進化していきますので、「一番頼りになるメキシコスペイン語の本」として末永くおそばに置いていただけたら嬉しいです。

2024年9月

著者◎コララテ（coralate）

彼女たちは常に走り続けている。大学のイスパニア語学科で同期生だった4人は、留学や旅行で触れたラテンアメリカの陽気な気質に魅せられた。とくにメキシコでは人情味あふれる人びと、強烈な個性を持った文化、おいしい食べ物に出会い、すっかりとりこになる。卒業から数年後の再会を機に、「コララテ」を結成。メキシコ総合情報サイトCafé México（カフェ・メヒコ）を11年にわたり運営、並行して本の企画・執筆・イベントの開催などを行ってきた。現在はメンバーの2人がメキシコに滞在、コララテ特派員として今後ますます生きた情報を伝えてくれることだろう。ちなみにコララテ（coralate）とは「ラテンの心」を意味するスペイン語、corazones latinos を略した造語。

e-mail: info@cafe-mexico.com

イラスト　安田ナオミ

ブック　佐伯通昭
デザイン　www.knickknack.jp

協力　ネイティブチェックで協力してくれた
　　　メキシコの友人たち
　　　Jorge Herbert
　　　Las Delicias（名古屋のメキシコ料理店）
　　　Paola Dominguez Hernández

【編集部より読者の皆さんへ】
指さし会話帳シリーズは生きた言葉の収録を特徴としています。その中にはスラング的なのも含まれます。どんな言葉も、話す相手や会話の流れ、意図によって良くも悪くもなります。会話の際には、相手へのリスペクトを大事にしてください。

ここ以外のどこかへ！
旅の指さし会話帳㉘メキシコ [第二版]
2002年 4月21日　第一版第1刷
2022年 5月 8日　第一版第25刷
2024年 9月30日　第二版第1刷

著者 ─────────
コララテ

発行者 ─────────
田村隆宗

発行所 ─────────
株式会社ゆびさし
〒151-0053 東京都渋谷区代々木1-30-15
　　　　　　天翔代々木ビル S607
電話 03-6324-1234
http://www.yubisashi.com

印刷 ─────────
モリモト印刷株式会社

©2002,2024　CORALATE
ISBN978-4-7958-5373-7
落丁本・乱丁本はお取替えいたします。

＊「旅の指さし会話帳」及び「YUBISASHI」は、
　(株) ゆびさしの登録商標です。
＊「YUBISASHI」は国際商標登録済みです。

128